KB140780

R로 배우는 텍스트 마이닝

Text Mining with R

Text Mining with R

by Julia Silge and David Robinson

ⓒ 2019 J-Pub Co., Ltd.

R로 배우는 텍스트 마이닝
Text Mining with R

1쇄 발행 2019년 6월 4일   **2쇄 발행** 2020년 5월 8일

지은이 줄리아 실기, 데이비드 로빈슨
옮긴이 박진수
펴낸이 장성두
펴낸곳 주식회사 제이펍

출판신고 2009년 11월 10일 제406-2009-000087호
주소 경기도 파주시 회동길 159 3층 3-B호
전화 070-8201-9010 / **팩스** 02-6280-0405
홈페이지 www.jpub.kr / **원고투고** jeipub@gmail.com
독자문의 readers.jpub@gmail.com / **교재문의** jeipubmarketer@gmail.com

편집 이종무, 이민숙, 최병찬, 이주원 / **소통·기획팀** 민지환, 송찬수 / **회계팀** 김유미
교정·교열 김은미 / **내지디자인** 황혜나
용지 신승지류유통 / **인쇄** 해외정판사 / **제본** 광우제책사

ISBN 979-11-88621-55-2 (93000)
값 20,000원

제이펍은 독자 여러분의 아이디어와 원고 투고를 기다리고 있습니다. 책으로 펴내고자 하는 아이디어나 원고가 있는 분께서는 책의 간단한 개요와 차례, 구성과 저(역)자 약력 등을 메일로 보내주세요. jeipub@gmail.com

R로 배우는 텍스트 마이닝
Text Mining with R

줄리아 실기, 데이비드 로빈슨 지음 | 박진수 옮김

차례

옮긴이 머리말   viii
이 책에 대하여   x
베타리더 후기   xviii

CHAPTER 1   정돈 텍스트(깔끔한 텍스트) 형식   1

정돈 텍스트와 다른 데이터 구조 비교하기   2
unnest_tokens 함수   3
제인 오스틴의 작품 정돈하기   6
gutenbergr 패키지   10
단어 빈도   10
요약   16

CHAPTER 2   정돈 데이터를 사용한 정서분석   17

정서 데이터셋   18
내부 조인을 사용한 정서분석   21
세 가지 정서 사전 비교   25
가장 흔한 긍정 단어와 부정 단어   28
워드 클라우드   30
단순한 단어 이상인 단위 보기   32
요약   35

CHAPTER 3   단어와 문서의 빈도 분석: tf-idf   37

제인 오스틴의 소설 속 용어빈도   38
지프의 법칙   40
bind_tf_idf 함수   44
물리학 텍스트의 말뭉치   47
요약   53

CHAPTER 4 단어 간 관계: 엔그램과 상관 55

엔그램에 의한 토큰화 ──────────────────────── 56
엔그램 개수 세기와 선별하기 • 57
바이그램 분석 • 59
정서분석 시 바이그램을 사용해 문맥 제공하기 • 62
ggraph를 사용해 바이그램 연결망 시각화화기 • 65
그 밖의 텍스트에 들어 있는 바이그램 시각화하기 • 71
widyr 패키지와 단어 쌍 세기 및 상관 ─────────────── 73
각 단원 간의 개수 세기 및 상관 • 74
쌍 단위 상관 검사 • 76
요약 ───────────────────────────────── 81

CHAPTER 5 비정돈 형식 간에 변환하기 83

문서-용어 행렬 정돈하기 ────────────────────── 84
DocumentTermMatrix 객체 정돈하기 • 85
dfm 객체 정돈하기 • 89
정돈 텍스트 데이터를 행렬에 캐스팅하기 ──────────── 92
Corpus 객체를 메타데이터로 정돈하기 ────────────── 94
사례 연구: 금융 관련 기사 마이닝 • 97
요약 ───────────────────────────────── 104

CHAPTER 6 토픽 모델링 105

잠재 디리클레 할당 ──────────────────────── 106
단어-토픽 확률 • 108
문서-토픽 확률 • 111
예제: 대도서관 강도 ─────────────────────── 113
각 장의 LDA • 115
문서당 분류 • 118
단어별 할당: augment • 121
대체 LDA 구현 ─────────────────────────── 125
요약 ───────────────────────────────── 127

CHAPTER 7 사례 연구: 트위터 아카이브 비교 129

데이터 및 트위터 분포 얻기 ───────────────────── 129
단어 빈도 ─────────────────────────────── 131
단어 용도 비교 ──────────────────────────── 135
단어 사용 변화 ──────────────────────────── 137
즐겨찾기 및 리트윗 ───────────────────────── 143
요약 ───────────────────────────────── 148

CHAPTER **8**   사례 연구: NASA 메타데이터 마이닝   149

NASA가 데이터를 조직하는 방식   150
데이터 랭글링과 정돈 • 151
일부 초기 단순 탐사 • 154

단어 동시 발생과 상관   156
설명 및 제목 단어 연결망 • 156
중요어 연결망 • 159

설명 필드에 대한 tf-idf 계산   163
설명 필드 단어의 tf-idf는 무엇인가? • 163
설명 필드를 중요어에 연결하기 • 164

토픽 모델링   166
문서–용어 행렬에 캐스팅하기 • 166
토픽 모델링 준비 • 167
토픽 모델 해석 • 168
토픽 모델링을 중요어와 연결하기 • 175

요약   178

CHAPTER **9**   사례 연구: 유즈넷 텍스트 분석   179

전처리   179
텍스트 전처리 • 181

뉴스그룹의 단어들   183
뉴스그룹 내에서 tf-idf 찾기 • 184
토픽 모델링 • 187

정서분석   190
단어별 정서분석 • 191
메시지별 정서분석 • 194
엔그램 분석 • 197

요약   199

참고문헌   201
찾아보기   203

옮긴이 머리말

데이터 과학 분야에서 **ggplot** 라이브러리를 개발한 해들리 위컴 교수는 '깔끔한 데이터 원리 (tyding data principles)'를 주창했습니다. 한 열에는 한 값만 두고, 한 행에는 오직 한 가지 관측 (즉, 데이터 내용)만 두며, 동일한 관측 유형으로만 한 테이블을 구성하자는 이야기입니다.

그런데 이 **tydy**라는 말이 우리나라에서는 '깔끔한'이라는 말로 더 자주 번역되어 불리기는 하지만, 위컴 교수의 주장을 곰곰이 생각해 보면 사실 영어로는 clean(정제)에 더 가까운 '깔끔한'이라는 말보다는 배치를 바꾼다는 의미의 '정돈'이라는 말이 정확한 번역어임을 알 수 있습니다. 그러므로 이 번역 도서에서 정돈이라는 말을 만나게 되면 그게 언제나 **tydy**(정돈된)나 **tyding**(정돈)을 의미한다는 점을 염두에 두었으면 합니다.

이 책의 저자들은 이와 같은 '정돈 데이터 원리'를 '정돈 텍스트 원리'로 확장해 **tidytext**라는 R 패키지로 구현하고 나서, 이 패키지를 중심으로 삼아 여러 기존 도구들을 유기적으로 결합해 텍스트 마이닝을 효율적으로 하는 방법, 즉 '정돈 텍스트 마이닝 접근법'을 이 책에서 소개하고 있습니다.

저자들은 분량이 많지 않은 책임에도 이 책에서 기본 원리부터 실제 사용 사례까지 두루 다루고 있습니다. 그러므로 데이터 분석을 하는 사람이라면 그리고 효율적으로 텍스트 마이닝을 하고 싶은 사람이라면 누구나 한 권쯤은 갖춰 둬야 할 책이 되게 하였습니다.

다만, 코드를 실행하다 보면 의도치 않은 오류가 발생하기도 하는데 이와 관련해서는 역주로 설명해 두었습니다. 그리고 한 가지 유념해야 할 점은 패키지 설치가 때때로 필요하다는 점입니다. 예를 들어 library(tidytext)라는 명령이 먹히지 않을 때는 그 앞에 install. packages("tidytext")라는 명령어를 삽입해 먼저 실행해 두어야 합니다. 책의 본문에는 이런 점이 설명이 되어 있지 않습니다. 아마도 저자들이 이 책의 대상 독자가 R 언어에 익숙한 사람이라고 가정했기 때문으로 보입니다.

마지막으로 역자가 하고 싶은 말은 이 책에서 저자들이 'common'이라는 말을 텍스트 마이닝과 관련된 특별한 개념어로 쓰는 경우가 많아서(그렇지 않은 경우도 있음) common(흔한), general(일반적인), typical(전형적인)을 서로 정확히 구분되게 괄호 안 용어로만 번역했다는 점을 유념해 주었으면 합니다. 그리고 책에 실린 코드의 주석도 이해하기 쉽게 번역해 두었습니다.

아무쪼록 이 책이 정돈 텍스트 마이닝 원리와 접근법 그리고 그 도구인 tydytext라는 패키지를 제대로 소개하게 되기를 바라며 옮긴이 머리말을 마칩니다.

2019년
박진수(arigaram@daum.net)

이 책에 대하여

여러분이 우리처럼 분석 업무, 즉 데이터 과학 업무를 한다면 데이터가 그 어느 때보다 빠르게 지속적으로 생성된다는 사실에 익숙할 것입니다. (이런 사실에 대해 독단적인 태도를 보이는 사람들을 보고 조금은 지칠 수도 있기는 합니다.) 분석가는 대부분 숫자가 채워진 테이블, 즉 직교형으로 정돈된 데이터를 처리하도록 교육받지만, 오늘날에 급증하는 데이터 중 대부분은 정형화되지 않았고 그 안에 많은 텍스트마저 들어 있습니다. 분석 분야에서 일하는 우리 중 많은 이들은 자연어를 간단히 해석하는 일조차도 훈련받지 못합니다.

데이터 랭글링(data wrangling)과 데이터 시각화(data visualization)를 위한 많은 방법을 잘 알고 있었지만, 이 같은 방법을 텍스트에 쉽게 적용할 수 없었기 때문에 우리는 tidytext(Silge and Robinson 2016, https://github.com/juliasilge/tidytext)라고 부르는 R 패키지를 개발했습니다.

우리는 정돈 데이터 원리(tidy data principles)[1]를 사용하면 수많은 기존 텍스트 마이닝 작업을 더 쉽고 효율적으로 수행할 수 있으며, 이미 널리 사용되는 도구에도 일관성 있게 적용할 수 있다는 점을 알게 되었습니다.

텍스트를 개별 단어들로 구성된 데이터 프레임이라고 간주하고 처리하면 텍스트의 특성을 쉽게 조작하고 요약하고 시각화할 수 있으며, 이미 사용된 효과적인 작업 흐름에 자연어 처리를 통합할 수 있습니다.

이 책은 tidytext 패키지와 R에서 제공하는 그 밖의 정돈 도구를 사용해 텍스트 마이닝을 하는 방법을 소개합니다. tidytext 패키지가 제공하는 기능은 비교적 간단하지만, 그보다 중요한 점은 이 패키지를 응용해 볼 수 있는 일일 것입니다.

---

1 [옮긴이] 해들리 위컴이 주장한 것으로, 처리하기에 좋은 모양으로 데이터를 배치하기 위한 원칙들을 말한다.

따라서 이 책에서는 인상적인 예제들을 제공하며 실제 텍스트 마이닝 문제를 다뤄 보려고 합니다.

개요

우리는 먼저 정돈 텍스트 형식(tidy text format)을 소개하고, dplyr, tidyr 및 tidytext의 몇 가지 방법으로 이런 정돈 구조를 분석해 보고자 합니다.

- **1장**에서는 정돈 텍스트 형식과 unnest_tokens( ) 함수를 개관합니다. 또한, 이 책 전체에서 유용한 리터럴 텍스트 데이터셋을 제공하는 gutenbergr 및 janeaustenr 패키지를 소개합니다.

- **2장**에서는 tidytext에서 나온 sentiments 데이터셋과 dplyr에서 나온 inner_join( )을 사용해 정돈 텍스트 데이터셋에서 정서분석(sentiment analysis)[2]을 수행하는 방법을 보여 줍니다.

- **3장**에서는 특정 문서에서 특히 중요한 용어를 식별하는 데 사용되는 tf-idf 통계량(tf-idf statistic, 용어빈도에 역문서빈도를 곱한 값)에 대해 설명합니다.

- **4장**에서는 엔그램(n-gram)을 소개하고, widyr 및 ggraph 패키지를 사용해 텍스트의 단어 연결망(word network)[3]을 분석하는 방법을 설명합니다.

텍스트는 분석의 모든 단계에서 정돈이 되지 않을 것이므로 정돈된 형식과 정돈되지 않은 형식 사이에서 이리저리 변환할 수 있어야 합니다.

- **5장**에서는 tm 및 quanteda 패키지에서 문서-용어 행렬 및 Corpus 객체를 정리하는 방법과 정돈 텍스트 데이터셋을 이러한 형식으로 캐스팅하는 방법을 소개합니다.

- **6장**에서는 토픽 모델링의 개념을 탐구하고, tidy( ) 메서드를 사용해 topicmodels 패키지의 출력을 해석하고 시각화를 합니다.

---

2   [옮긴이] 감성분석, 감상분석, 감정분석, 정서분석 등 다양한 말로 번역되어 불리고 있다. 이 중에서 감성이라는 말은 이성의 대척점에 해당하는 용어여서 적당하지 않다. 감상이란 말 또한 무언가를 감상한 내용만이 분석 대상이 아니므로 적당하지 않다. 감정이란 말 또한 부정적인 의미가 담겨 있기도 해서 적절해 보이지 않는다.

3   [옮긴이] '단어 네트워크'라고도 부른다.

우리는 우리가 배웠던 여러 가지 정돈 텍스트 마이닝 접근법을 결합한 몇 가지 사례 연구로 결론을 맺습니다.

- **7장**에서는 저자의 트위터 아카이브[4]를 분석해 정돈 텍스트 분석(tidy text analysis)을 적용하는 방법을 보여줍니다. 데이비드와 줄리아의 트윗 습관을 비교해 보겠습니다.
- **8장**에서는 3만 2,000개 이상의 NASA 데이터셋(JSON 형식으로 사용 가능)에 포함된 메타데이터를 살펴봅니다. 데이터셋의 중요어(keywords)가 제목 및 설명 필드에 어떻게 연결되어 있는지 살펴봅니다.
- **9장**에서는 정치, 하키, 기술, 무신론 등과 같은 토픽에 중점을 둔 다양한 뉴스그룹의 유즈넷 메시지 데이터셋을 분석해 해당 그룹 전체의 패턴을 이해합니다.

이 책에서 다루지 않은 주제

이 책은 정돈 텍스트 마이닝 프레임워크를 도입하고 여러 예제들을 모아 제공하지만, 자연어 처리까지 완벽하게 탐구하지는 않습니다. **자연어 처리에 대한 CRAN 태스크 뷰**(CRAN Task View on Natural Language Processing, https://cran.r-project.org/web/views/NaturalLanguageProcessing.html)에서는 계산 언어학에 R을 사용하는 또 다른 방법들을 자세히 설명합니다. 필요하다면 더 자세히 살펴볼 만한 몇 가지 분야는 다음과 같습니다.

군집화, 분류, 예측

텍스트를 머신러닝 방식으로 처리하는 일은 그 자체만으로 충분한 내용을 채울 수 있을 만큼 방대한 주제입니다. 6장에서는 비지도 학습 방식 군집화(unsupervised clustering), 즉 토픽 모델링(topic modeling)의 한 가지 방법을 소개하지만, 더 많은 머신러닝 알고리즘을 텍스트 처리에 사용할 수 있습니다.

---

4 옮긴이 즉, 트위터 기록 보관소.

워드 임베딩[5]

현대적인 텍스트 분석 방법 중 하나는 단어를 벡터 표현으로 매핑(mapping, 사상)함으로써, 단어 사이의 언어적 관계를 검사하고 텍스트를 분류할 수 있게 하는 방법입니다. 이러한 단어 표현(words representations)은 우리가 여기에서 고려한 의미에서 정돈된 것은 아니지만, 머신러닝 알고리즘에서 강력히 응용할 수 있다고 알려졌습니다.

더 복잡한 토큰화

tidytext 패키지는 tokenizers 패키지(Mullen 2016)가 수행한 토큰화를 신뢰하며, 동시에 tokenizers의 다양함을 일관된 인터페이스로 래핑하지만, 특정 응용에 쓸 수 있는 그 밖의 기능도 많이 있기는 합니다.

영어 이외의 언어

일부 사용자는 영어 이외의 언어에 대한 텍스트 마이닝 요구 사항에 대한 전문 용어 적용에 성공했지만, 이 책에서는 그러한 사례를 다루지 않았습니다.[6]

이 책의 내용

이 책은 실용적인 소프트웨어 예제들을 제시하고 데이터를 탐색하는 데 초점을 맞추고 있습니다. 방정식을 거의 쓰지 않지만 코드는 아주 많이 들어 있습니다. 특히 우리가 분석하는 문학, 뉴스 및 소셜 미디어에서 진정한 통찰(insights)을 창출하는 데 중점을 둡니다.

여러분이 텍스트 마이닝을 미리 알고 있어야 한다고 가정하지 않았습니다. 전문 언어학자와 텍스트 분석가가 보기에는 우리가 제시하는 예제가 초보용으로 보일 수도 있겠지만, 그들도 자신이 하는 분석 업무를 이 프레임워크를 바탕으로 삼아 구축할 수 있을 거라고 확신합니다.

---

5 [옮긴이] 여기서 embedding이란 위상 수학에서 사상(mapping)이란 행위를 한다는 뜻으로, '묻기'라고도 한다. 그러므로 word embedding은 단어를 위상 공간에 매장하는 행위 또는 묻는 행위 또는 그렇게 단어를 묻은 공간을 지칭하는 말이다. 우리말로 하면 '단어 매장' 또는 '단어 묻기' 정도가 정확한 번역이다. 다시 한번 풀이하자면 단어를 어떤 수학적 공간에 사상한다는 뜻 또는 단어를 사상한 수학적 공간이라는 뜻이다. 이때 수학적 공간은 벡터 공간일 수도 있고, 행렬 공간일 수도 있고, 텐서 공간일 수도 있고, 좌표 공간일 수도 있고, 기하 초평면일 수도 있고, 다양체일 수도 있다. '단어 매장'으로 번역한 적도 있지만, 독자들의 의견에 따라 이 책에서는 더 널리 쓰이는 용례를 따랐다.

6 [옮긴이] 한국어 처리와 관련해서는 KoNLP 패키지가 유명하다. 이 책을 학습한 후에 나중에 KoNLP 패키지까지 포함해서 한국어 처리를 해 보는 게 학습에 도움이 될 것으로 생각한다.

우리는 독자가 최소한 R의 dplyr, ggplot2를 조금이라도 알고 있고, 또한 %>% 모양으로 된 파이프 연산자도 조금은 알고 있으며, 텍스트 데이터에 이 도구를 적용하는 데 관심이 있다고 가정합니다. 이러한 배경지식이 없는 독자라면 해들리 위컴(Hadley Wickham)과 개릿 그롤먼드(Garrett Grolemund)가 오라일리 출판사에서 펴낸 『R for Data Science』(데이터 과학을 위한 R, https://r4ds.had.co.nz/)와 같은 책을 추천합니다. 기본적인 배경지식이 있고 정돈 데이터에 관심을 두고 있다면 R 경력이 얼마 되지 않은 독자일지라도 우리가 제시하는 사례를 이해하고 적용할 수 있을 것입니다.

이 책의 인쇄본을 읽는 중이면 그림이 천연색이 아닌 회색 음영 형태로 인쇄되어 있을 것이다. 천연색 그림을 보려면 http://bit.ly/TidyTextMining 또는 https://www.tidytextmining.com/을 참조하자.

이 책에 사용된 규칙

이 책에는 다음과 같은 인쇄 규칙이 사용됩니다.

고딕체(Gothic)

새로운 용어, URL, 전자 메일 주소, 파일 이름 및 파일 확장자를 나타냅니다.

고정폭 서체(Constant width)

프로그램 목록뿐만 아니라 변수 또는 함수 이름, 데이터베이스, 데이터 유형, 환경 변수, 명령문 및 키워드와 같은 프로그램 요소를 참조하는 단락 내에서 사용됩니다.

고정폭 볼드체(Constant width bold)

문자 그대로 사용자가 입력해야 하는 명령 또는 기타 텍스트를 표시합니다.

이 부분은 팁 또는 제안을 나타냅니다.

이 부분은 일반적인 참고 사항을 나타냅니다.

이 부분은 경고나 주의를 나타냅니다.

예제 코드 사용

우리가 광범위한 주요 분야 분석을 뒷받침하는 코드를 책에 수록하기는 하지만, 이미 유사한 그래프에 대한 코드를 제공한 적이 있을 때는 특정한 시각화만을 생성하기 위한 코드 정도는 책의 공간을 아끼기 위해 수록하지 않은 경우도 있습니다. 독자가 예제를 보고 배울 수 있고 예제를 빌드할 수 있다고 믿지만, 책의 내용을 채우기 위해 사용한 코드가 꼭 필요하다면 공개 깃허브 저장소에서 찾을 수 있습니다.[7]

이 책의 역할은 여러분이 하는 일을 돕는 데 있습니다. 일반적으로 이 책에서 제공하는 예제 코드를 여러분의 프로그램과 문서에서 사용할 수 있을 것입니다. 코드의 상당 부분을 복제하지 않는 한 우리에게 따로 허가를 받지 않아도 됩니다. 예를 들어, 이 책에 나오는 코드 부분 중 대여섯 개 정도를 사용하는 프로그램을 작성하는 데는 권한이 필요하지 않습니다. 이 책에 담긴 예제들을 CD-ROM에 담아 판매하거나 배포하려면 허락을 받아야 합니다. 이 책을 인용하거나 예제 코드를 인용해 질문에 응답하는 일에는 허가가 필요하지 않습니다. 이 책의 예제 코드를 제품 설명서에 첨부하려면 허락을 받아야 합니다.

저작자 표시를 해 주면 고맙겠지만 반드시 그래야 하는 건 아닙니다. 저작자 표시에는 일반적으로 제목, 저자, 발행인 및 ISBN이 포함됩니다. 예를 들면, 'Text Mining with R by Julia Silge and David Robinson (O'Reilly). Copyright 2017 Julia Silge and David Robinson, 978-1-491-98165-8'와 같은 식입니다.

코드 예제가 공정한 사용 범위나 위에 명시한 사용 범위를 벗어난 것으로 생각되면 permissions@oreilly.com으로 언제든지 문의하기 바랍니다.

---

7 [옮긴이] 깃허브 저장소 주소는 https://github.com/dgrtwo/tidy-text-mining이다.

감사의 말

책을 쓰는 동안 진도를 나갈 수 있게 해 주신 분들의 공헌과 도움과 견해를 아주 고맙게 생각하고 있습니다. 특별히 감사를 전하고 싶은 사람과 조직이 여럿입니다.

먼저, tidytext 패키지에 기여한 Oliver Keyes와 Gabriela de Queiroz에게 감사하고 싶습니다. tokenizers 패키지(https://github.com/ropensci/tokenizers) 작업을 담당한 Lincoln Mullen, quanteda 패키지(https://github.com/quanteda/quanteda) 작업을 담당한 Kenessen Benoit, ggraph 패키지(https://github.com/thomasp85/ggraph) 작업을 담당한 Thomas Pedersen에게 감사합니다. 그리고 정돈 데이터 원리를 세우고 정돈 도구를 만드는 데 기여한 해들리 위컴(Hadley Wickham)에게도 감사를 전합니다. 또한, 우리를 비공식 회의에 초대해 준 Karthik Ram와 rOpenSci(https://ropensci.org/)에도 감사를 전하고 싶습니다. 우리의 작업은 그 초대에서 비롯되었습니다. NASA Datanauts(https://open.nasa.gov/explore/datanauts/) 프로그램 덕분에 우리가 기회를 얻은 점과 그들과 함께 있을 시간을 내야 할 줄리아를 참여시켜 지원해 줬던 점에 감사합니다.

우리는 사려 깊고 철저한 기술 교정을 받을 수 있었는데, 이로 인해 책의 품질이 상당히 좋아졌습니다. 우리는 이 기술 교정에 시간과 열정을 쏟은 Mara Averick, Carolyn Clayton, Simon Jackson, Sean Kross 및 Lincoln Mullen에게 감사를 전합니다.

이 책은 공개된 상태에서 작성되었으며, 여러 사람들이 논의를 주고받거나 검토할 점을 제기하는 식으로 공헌했습니다. 깃허브를 통해 기여한 다음 분들에게 특별한 감사의 말을 전합니다. @ainilaha, Brian G. Barkley, Jon Calder, @eijoac, Marc Ferradou, Jonathan Gilligan, Matthew Henderson, Simon Jackson, @jedgore, @kanishkamisra, Josiah Parry, @suyi19890508, Stephen Turner 그리고 Yihui Xie.

마지막으로 우리 배우자들인 로버트와 다나에게 이 책을 바치고 싶습니다. 우리 둘 다 감상적인 문장을 한껏 써 내려갈 수도 있겠지만, 진심 어린 감사로 대신하고자 합니다.

표지에 대하여

이 책의 겉표지에 나오는 동물은 스페인과 포르투갈 및 북아프리카가 원서식지인 작은 포유동물, 유럽 토끼(Oryctolagus cuniculus)입니다. 유럽에서 이주한 사람들이 이 토끼들을 퍼뜨리는 바람에 현재 전 세계에서 발견되고 있습니다. 자연스런 포식자가 드문 일부 지역에서는 침입종으로 분류됩니다.

유럽 토끼는 일반적으로 잿빛을 띤 갈색을 보이며, 길이는 34센티미터에서 50센티미터 정도입니다. 아주 푹신한 발과 강력한 뒷다리를 가지고 있어 이곳저곳을 빠르게 뜀뛰며 다닐 수 있습니다. 사회적 동물인 유럽 토끼는 '과밀지역'이라고 불리는 곳에서 작은 무리를 이루어 함께 살며, 잔디, 씨앗, 나무 껍질, 뿌리, 야채를 먹습니다.

유럽 토끼는 로마 제국 시대에서 기원해 수세기 동안 길들여진 동물입니다. 고기나 양털, 또는 모피를 얻기 위해 토끼를 키우는 일을 토끼 사육이라고 하며, 흔히 애완 동물로도 기릅니다. 시간이 지남에 따라 앙고라 또는 홀랜드 롭과 같은 여러 가지 품종이 개발되었습니다.

오라일리 표지에 나오는 많은 동물들은 멸종 위기에 처해 있으며, 모두 세상에 소중한 존재들입니다. 도움을 줄 방법을 자세히 알아 보려면 animals.oreilly.com을 방문해 보세요.

표지 이미지는 『History of British Quadrupeds』에서 인용했습니다.

베타리더 후기

🦋 김지훈(삼성SDS)

텍스트 마이닝에 대한 이해는 물론 자신감이 생기는 책입니다. 물 흐르는 듯한 구성, 상세한 개념 설명, 다양한 예제 코드를 통해 다양한 시각화를 경험하면 손에서 책을 놓지 못할 수 있습니다. 이 책을 읽다 보면 호기심을 충분히 채울 수 있을 뿐만 아니라 책에 나온 사례처럼 여러분이 생각해 온 것들을 실현할 수 있는 기술을 습득할 수 있습니다.

🦋 송헌(큐슈대학교)

R에 대한 기초적인 지식만 있다면 텍스트 마이닝을 처음 접하는 사람도 무리 없이 소화할 수 있도록 이해하기 쉽게 설명하고 있습니다. 기초적인 부분을 자세히 설명하지는 않지만, 텍스트 마이닝을 처음 접하는 사람이 개략적인 내용을 파악하기에는 더없이 좋다고 생각합니다. 번역에서 조금 아쉬운 부분이 있었는데, 베타리딩 이후에 조금 더 검토한다면 정말 좋은 책이 될 것 같습니다.

🦋 이봉준(네이버)

이 책은 직관적이고 쉽게 활용할 수 있어 통계 분석 분야에서 큰 인기를 얻고 있는 R 언어를 사용하여, 텍스트 마이닝 방법론의 기초를 소개하는 책입니다. 통계 분석과 R 언어에 대한 경험은 있지만, 비정형 텍스트 데이터 분석을 처음 시작하는 초심자에게 좋은 길잡이가 될 것 같습니다.

🦋 이종우(uvaper)

평소 머신러닝과 딥러닝에 관심이 있고, 주기적으로 글을 쓰는 저에게 이 책을 통해 경험한 텍스트 분석은 무척 매력적이었습니다. 예제를 대부분 실행해 봤는데 몇 개를 제외하고는 정확히 나와서 좋았습니다. 예제로 나온 텍스트 정보를 가지고 실제로 분석하여 수치로 볼 수 있다는 것이 이 책을 꼭 읽고 텍스트 마이닝을 배워야 하는 이유라고 생각하므로 자신 있게 추천합니다.

🦋 이호준(유라코퍼레이션)

텍스트 마이닝에 대해 막연한 상태에서 읽게 되어 어려움이 있었지만, 예제를 따라가다 보니 조금씩 감이 왔습니다. 저처럼 텍스트 마이닝을 처음 경험하는 독자에게는 텍스트 마이닝의 윤곽을 짐작하게 해 주는 좋은 안내서가 되어 줄 것 같습니다. 다만 예제의 대부분이 영어 텍스트를 대상으로 한다는 점이 아쉬웠습니다.

1

정돈 텍스트(깔끔한 텍스트) 형식

정돈 데이터 원리(tidy data principles)[1]를 따르면 이전보다 더 데이터를 아주 쉽고 효과적으로 처리할 수 있기는 하지만, 텍스트까지 쉽고 효과적으로 처리할 수 있다고 보기는 어렵다. 해들리 위컴(Wickham 2014)이 설명한 것처럼 **정돈 데이터(tidy data)[2]**에는 특정한 구조가 있다.

- 각 변량(variable)이 1개 열을 구성한다.
- 각 관측(observation)이 1개 행을 구성한다.
- 관측 단위의 각 유형(type)은 1개 테이블을 구성한다.

따라서 우리는 **정돈 텍스트 형식(tidy text format)**이란 **1개 행마다 1개 토큰이 있게 구성한 테이블 (a table with one token per row)**이라고 정의한다. **토큰(token)**이란 분석을 위해 사용하고자 하는, 단어와 같은 의미 있는 텍스트 단위이며, **토큰화(tokenization)**란 텍스트를 토큰으로 분할하는 과정을 말한다. 이 **1행당 1토큰(one-token-per-row)** 구조는 현재 분석 업무 시 텍스트를

---

1 [옮긴이] 해들리 위컴이 주창한 내용이며, https://vita.had.co.nz/papers/tidy-data.pdf에서 원문을 볼 수 있다.

2 [옮긴이] 어떤 이는 이것을 '깔끔한 데이터'라고 번역하며 데이터 정돈을 '데이터 깔끔화'라고 부르기도 하지만, 해들리 위컴의 논문의 내용을 참고해 볼 때 '정돈'이라는 용어가 그 개념을 가장 잘 나타내는 것으로 보인다. 주로 데이터 구조 변경 후 데이터 재배치와 관련이 있기 때문이다. 이것은 집 안 가구를 '정돈'하고 나서 가구에 물건을 다시 집어넣는 일과 비슷하다. '깔끔화'라고 하면 정돈보다 상위인 정제(cleansing 또는 cleaning)라는 개념과 혼동할 가능성이 있어 보인다. 해들리 위컴은 논문의 초록에서 정돈(tyding)을 정제(cleaning)의 한 수단으로 소개하고 있다.

흔히 문자열이나 문서-용어 행렬 등에 저장할 때 쓰는 구조에 대비해 보면 사뭇 다르다는 점을 알 수 있다. **정돈 텍스트 마이닝(tidy text mining)** 방식에서는 각 행에 저장하는 토큰을 1개 단어로만 구성하는 편이 흔하기는 하지만, **엔그램(n-gram)**이나 문장 또는 단락으로 구성될 수도 있다. 우리는 이와 같이 흔히 사용되는 텍스트 단위에 맞춰 토큰화를 한 다음에 **1행당 1용어(one-term-per-row)**[3] 형식으로 변환하는 기능을 tidytext 패키지에 넣어 두었다.

정돈 데이터 집합들(tidy data sets)[4]을 dplyr(Wickham & Francois 2016), tidyr(Wickham 2016), ggplot2(Wickham 2009) 및 broom(Robinson 2017)과 같은 주요 패키지를 포함하는 표준 '정돈' 도구 모음을 사용해 다룰 수 있다. 사용자는 정돈된 테이블에 입력과 출력을 유지함으로써 이러한 패키지 간에 (데이터를) 유동적으로 옮겨 실을 수 있다. 우리는 이러한 정돈 도구를 많은 텍스트 분석 업무 및 텍스트 탐색 업무에까지 자연스럽게 확장해서 쓸 수 있다는 점을 알았다.

그뿐만 아니라 tidytext라는 패키지에서도 사용자가 자신의 분석 업무를 진행하는 과정에서 텍스트를 늘 잘 정돈된 형식이 되게 지켜 나갈 것이라고 가정하지 않는다. 이런 전제를 깔고 있기 때문에 이 패키지에는 인기 있는 텍스트 마이닝용 R 패키지인 tm(Feinerer et al. 2008)과 quanteda(Benoit and Nulty 2016)로부터 나온 tidy 객체(앞에서 인용한 Robison의 broom 패키지를 볼 것)를 다루는 데 쓸 함수들이 들어 있다. 예를 들어 dplyr 및 기타 정돈 도구를 사용해 가져오고(importing) 선별하고(filtering) 처리한(processing) 후에 데이터를 머신러닝 응용 프로그램의 문서-용어 행렬로 변환하는 식의 작업 흐름이 가능하다. 그런 다음 모델을 ggplot2를 사용해 정돈된 형식으로 재구성해 해석하고 시각화할 수 있다.

정돈 텍스트와 다른 데이터 구조 비교하기

위에서 언급했듯이 우리는 정돈 텍스트 형식(즉, 깔끔한 데이터 형식)이란 **1행당 1토큰(one-token-per-row)**이 있는 테이블이라고 정의한다. 이런 방식으로 텍스트 데이터를 구성하면 정돈 데이터 원리를 따르는 게 되므로 여러 도구 모음을 사용해 텍스트를 일관되게 조작할 수 있다. 이런 방식은 정돈 텍스트 마이닝 방식이 아닌 기존 텍스트 마이닝 접근법에서 흔히 텍스트를

---

3   [옮긴이] 이는 '1행당 1항'이란 중의적 의미를 담고 있기도 하다. 데이터를 수학적으로 처리할 때 1개 행에 담긴 데이터를 수학식에서 1개 항으로 처리할 수 있기 때문이다.

4   [옮긴이] 영문에서 **dataset**과 **data set**에는 미묘한 어감 차이가 있다(중간에 공란이 하나 있을 뿐이지만). 전자는 **data set**(데이터 집합)가 들어 있는 파일 그 자체를 의미할 때가 많으며, 후자는 낱낱의 데이터를 더 강조하는 경향이 있다. 그래서 여기서는 데이터 셋이 아닌 데이터 집합으로 번역해 표기했다.

저장하는 방식들인 아래 방식들과 비교해 본다면 확실한 장점을 지닌 셈이 된다.

문자열(string)

물론 텍스트를 R 언어의 문자열(즉, 문자 벡터) 형식으로도 저장할 수 있으며, 종종 텍스트 데이터는 이 형식에 맞춰 메모리로 읽혀진다.

말뭉치(corpus)

이러한 객체 유형에는 일반적으로 추가 메타데이터(metadata) 및 세부 사항(details)을 사용해 주석 처리한 원시 문자열(raw strings)도 들어 있다.

문서-용어 행렬(document-term matrix)

이것은 각 문서가 1개 행을 이루고 각 용어가 1개 열을 채우는 구조로 된 문서들의 모음집(즉, 말뭉치)이라고 설명할 수 있는 **희소 행렬(sparse matrix)**[5]이다. 이 행렬을 구성하는 각 값은 일반적으로 **단어 개수(word count)** 또는 tf-idf이다(3장 참조).

5장에 이르기 전까지는 말뭉치와 문서-용어 행렬 객체를 탐색하는 일을 잠시 접어 두고, 대신에 기본으로 돌아가서 텍스트를 정돈 형식으로 변환하는 일부터 살펴보자.

unnest_tokens 함수

에밀리 디킨슨(Emily Dickinson)이 오래전에 멋진 문장을 썼다.

```
text <- c("Because I could not stop for Death -",
          "He kindly stopped for me -",
          "The Carriage held but just Ourselves -",
          "and Immortality")
text

## [1] "Because I could not stop for Death -"
## [2] "He kindly stopped for me -"
## [3] "The Carriage held but just Ourselves -"
## [4] "and Immortality"
```

---

5 옮긴이 '희박 행렬'이라고도 부른다.

이 코드에 나오는 text는 전형적인 문자 벡터이며, 우리는 이것을 분석해 볼 생각이다. 그러자 면 먼저 text를 데이터 프레임에 넣어야 하는데, 이렇게 해야만 정돈 텍스트 데이터셋으로 바 꿀 수 있기 때문이다.

```
library(dplyr)
text_df <- data_frame(line = 1:4, text = text)⁶
text_df

## # A tibble: 4 × 2
##    line                                  text
##   <int>                                 <chr>
## 1     1 Because I could not stop for Death -
## 2     2           He kindly stopped for me -
## 3     3 The Carriage held but just Ourselves -
## 4     4                      and Immortality
```

이 데이터 프레임이 'tibble'이라는 이름으로 출력된 이유가 무얼까? **티블(tibble)**은 R의 데이터 프레임을 나타내는 현대적인 클래스로서, dplyr 및 tibble 패키지에서 사용할 수 있는 편리한 출력 메서드가 들어 있으며, 문자열을 인수(factor)로 변환하지 않고, 행 이름을 사용하지 않는 다. 티블은 정돈 도구들에서 사용하기에 아주 좋다.

텍스트를 담고 있는 이 데이터 프레임이 **정돈 텍스트 분석(tidy text analysis)** 기법과는 아직 호 환되지 않는다는 점에 주의하자. 각 행이 여러 개의 결합된 단어로 구성되므로 가장 자주 출 현하는 단어나 카운트(count)⁷를 선별할 수 없다. 그러므로 우리는 먼저 이 데이터 프레임을 1 행당 1문서, 1문서당 1토큰 형식으로 바꿔야 한다.

토큰은 의미 있는 텍스트 단위를 말하며, 흔히 단어 그 자체를 일컫는다. 분석 업무를 자주 해 야 한다면 관심을 둬야 할 개념이다. 참고로 토큰화는 텍스트를 토큰으로 분할하는 과정을 말 한다.

이 첫 번째 예제에는 1개 문서(즉, 시 한 편)만 있지만, 여러 문서가 있는 예제를 곧 탐구해 볼 생각이다.

---

6   옮긴이 해들리 위컴 교수는 data_frame() 대신에 tibble()을 사용하도록 권고한다. 따라서 R 스튜디오 버전에 "data_frame() is deprecated, use tibble()"이라는 경고문이 나올 수 있다. https://tibble.tidyverse.org/reference/deprecated.html 단축 URL http://bit.ly/2UU912S를 참고하자.

7   옮긴이 우리말로는 '개수'에 해당한다.

우리의 정돈 텍스트 프레임워크 내에서 우리는 텍스트를 개별 토큰으로 분해하고(토큰화라고 하는 과정) 이를 **정돈 데이터 구조(tidy data structure)**로 변환해야 한다. 이렇게 하려면 tidytext 패키지에 들어 있는 unnest_tokens() 함수를 사용한다.

```
library(tidytext)⁸

text_df %>%
  unnest_tokens(word, text)

## # A tibble: 20 × 2
##      line     word
##     <int>    <chr>
## 1       1  because
## 2       1        i
## 3       1    could
## 4       1      not
## 5       1     stop
## 6       1      for
## 7       1    death
## 8       2       he
## 9       2   kindly
## 10      2  stopped
## # ... with 10 more rows
```

여기에 사용된 unnest_tokens()의 두 가지 기본 인수인 word와 text는 각기 열 이름을 나타낸다. 첫째 인수로는 텍스트의 중첩이 해제될 때 생성될 출력 열 이름을 지정하고(이 경우에는 word), 둘째 인수로는 텍스트가 들어오는 입력 열을 지정한다(이 경우에는 text). 앞서 나온 text_df에는 우리의 관심 대상인 데이터를 담은 text라는 열이 있었다는 점을 기억하라.

unnest_tokens()를 사용하면 새로운 데이터 프레임에서는 각 행마다 토큰(단어)이 한 개만 있도록 각 행이 분할된다. unnest_tokens()에서는 기본적으로 단일한 단어들을 대상으로 토큰화하는데, 이 점을 앞에 표시되어 있는 출력 내용을 보고 확인할 수 있다. 또한 주의할 점은 이렇다.

---

8 [옮긴이] 이 명령을 실행하기 전에 먼저 **tidytext** 패키지가 설치되어 있어야 한다. R 스튜디오나 R 콘솔에서

install.packages("tidytext")

라고 명령하면 된다. 이 명령이 먹히지 않는다면 먼저

install.packages(c("mnormt", "psych", "SnowballC", "hunspell", "broom", "tokenizers", "janeaustenr"))

라는 명령부터 실행해 의존 패키지들부터 설치한다(출처: https://stackoverflow.com/questions/44331406/error-in-installiing-packages-tidytext-r).

- (각 단어들이 들어 있는 열을 제외한) 나머지 열들(columns)은 그대로 유지된다.[9]
- 구두점이 제거되었다.
- 기본적으로 unnest_tokens()는 토큰을 소문자로 변환하므로 다른 데이터셋과 쉽게 비교하거나 결합할 수 있다. 이 동작을 해제하려면 **to_lower = FALSE** 인수를 사용하자.

이와 같은 형식으로 변환한 텍스트 데이터를 사용하면 그림 1-1과 같이 표준 정돈 도구인 **dplyr, tidyr** 및 **ggplot2**를 사용해 텍스트를 다루고 처리하고 시각화할 수 있다.

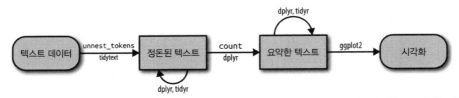

그림 1-1 정돈 데이터 원리를 사용하는 전형적인 텍스트 분석 흐름도. 이번 장에서는 이러한 도구들을 사용해 텍스트를 요약하고 시각화하는 방법을 보여 준다.

제인 오스틴의 작품 정돈하기

제인 오스틴(Jane Austen)이 탈고해 출판한 소설 여섯 개를 janeaustenr 패키지(Silge 2016)(https://cran.r-project.org/web/packages/janeaustenr/index.html [단축 URL] http://bit.ly/2RLbWsj)에서 가져온 다음 정돈 형식으로 변형해 보자. janeaustenr 패키지는 텍스트를 **1줄당 1행**(one-row-per-line) 형식으로 제공하는데, 이 맥락에서 의미하는 줄(line)이란 실제 도서의 원문에 맞춰 인쇄된 한 줄을 말한다. 이것을 사용해 정돈 작업에 착수하되 `mutate()`를 사용해 `linenumber` 수에 해당하는 만큼을 주석으로 처리함으로써 원래 줄 형식을 추적하는 데 사용하고, `chapter`(regex 사용)를 사용해 모든 장이 어디부터 나오는지를 알아낸다.

```
library(janeaustenr)
library(dplyr)
library(stringr)

original_books <- austen_books() %>%
  group_by(book) %>%
```

---

9 [옮긴이] 앞의 출력의 경우에 word 열은 1행에 1토큰이 있게 되었지만, line 열의 내용은 그대로 복제되어 사용되고 있음을 알 수 있다.

```
    mutate(linenumber = row_number(),
           chapter = cumsum(str_detect(text, regex("^chapter [\\divxlc]",
                                       ignore_case = TRUE)))) %>%
    ungroup()

original_books

## # A tibble: 73,422 × 4
##                     text             book linenumber chapter
##                    <chr>           <fctr>      <int>   <int>
## 1   SENSE AND SENSIBILITY  Sense & Sensibility          1       0
## 2                          Sense & Sensibility          2       0
## 3          by Jane Austen  Sense & Sensibility          3       0
## 4                          Sense & Sensibility          4       0
## 5                  (1811)  Sense & Sensibility          5       0
## 6                          Sense & Sensibility          6       0
## 7                          Sense & Sensibility          7       0
## 8                          Sense & Sensibility          8       0
## 9                          Sense & Sensibility          9       0
## 10             CHAPTER 1  Sense & Sensibility         10       1
## # ... with 73,412 more rows
```

이것을 정돈 데이터셋으로 사용하려면 이전에 설명한 대로 unnest_tokens() 함수를 사용해 **1행당 1토큰(one-token-per-row)** 형식으로 구조를 다시 구성해야 한다.

```
library(tidytext)
tidy_books <- original_books %>%
    unnest_tokens(word, text)

tidy_books

## # A tibble: 725,054 × 4
##                    book linenumber chapter         word
##                  <fctr>      <int>   <int>        <chr>
## 1   Sense & Sensibility          1       0        sense
## 2   Sense & Sensibility          1       0          and
## 3   Sense & Sensibility          1       0  sensibility
## 4   Sense & Sensibility          3       0           by
## 5   Sense & Sensibility          3       0         jane
## 6   Sense & Sensibility          3       0       austen
## 7   Sense & Sensibility          5       0         1811
## 8   Sense & Sensibility         10       1      chapter
## 9   Sense & Sensibility         10       1            1
## 10  Sense & Sensibility         13       1          the
## # ... with 725,044 more rows
```

이 함수는 tokenizers 패키지(https://github.com/ropensci/tokenizers 단축URL http://bit.ly/2CqPjzO) 를 사용해 원래 데이터 프레임에 있는 텍스트의 각 행을 토큰으로 분리한다. 기본 토큰화는 단어에 대한 것이지만 다른 옵션을 사용하면 문자, 엔그램, 문장, 줄, 단락 단위로 토큰화를 할 수 있고, 또는 정규 표현식 패턴을 사용해서 분리할 수도 있다.

이제 데이터가 **1행당 1단어** 형식으로 저장되므로 dplyr와 같은 정돈 도구로 데이터를 조작할 수 있다. 텍스트를 분석할 때 종종 **불용어(stop words)**를 제거해야 할 때가 있는데, 불용어란 분석에 유용하지 않은 단어를 말하며, 일반적으로 영어의 'the', 'of', 'to' 등과 같은 매우 전형적인 단어를 말한다. anti_join()을 사용해 불용어(정돈 텍스트 데이터셋인 stop_words에 기록해 둔 것)를 제거할 수 있다.

```
data(stop_words)

tidy_books <- tidy_books %>%
  anti_join(stop_words)
```

tidytext 패키지의 stop_words 데이터셋에는 세 개의 불용어 **용어집(lexicon)**[10]이 들어 있다. 여기에 있는 것처럼 모두 함께 사용할 수도 있고, 특정 분석에 더 적합한 경우 filter()를 사용해 1개 불용어 집합만 사용할 수도 있다.

또한, dplyr의 count()를 사용해 모든 도서에서 가장 흔하게 나오는 단어를 찾을 수 있다.

```
tidy_books %>%
  count(word, sort = TRUE)

## # A tibble: 13,914 × 2
##      word     n
##     <chr> <int>
## 1    miss  1855
## 2    time  1337
## 3   fanny   862
## 4    dear   822
## 5    lady   817
## 6     sir   806
```

---

10 [옮긴이] 이 용어집을 어휘집이라고 번역해 쓰는 경우도 있는데, 전자는 **lexicon**이고 후자는 **vocabulary**이므로 구분하는 게 바람직하다. 어휘집과 용어집의 개념에 별 차이는 없지만 굳이 구분하자면 어휘집은 특정 주제를 생각지 않고 단어를 모아 놓은 것이고, 용어집은 특정 주제에 맞춰 단어를 모아 놓은 것이라고 할 수 있겠다. '불용어'라는 주제에 맞게 모아 놓은 '불용어 용어집'이 그러한 예다.

```
## 7      day    797
## 8     emma    787
## 9   sister    727
## 10   house    699
## # ... with 13,904 more rows
```

우리가 정돈 도구들을 사용했기 때문에 **단어 카운트**(word count)는 정돈 데이터 프레임에 저장된다. 이처럼 텍스트가 정돈 데이터 프레임에 저장되었으므로 이제 **ggplot2** 패키지로 직접 연결(pipe)할 수 있다. 예를 들면 다음과 같이 가장 **흔한**(common) 단어를 시각화할 수 있다(그림 1-2).

```
library(ggplot2)

tidy_books %>%
  count(word, sort = TRUE) %>%
  filter(n > 600) %>%
  mutate(word = reorder(word, n)) %>%
  ggplot(aes(word, n)) +
  geom_col() +
  xlab(NULL) +
  coord_flip()
```

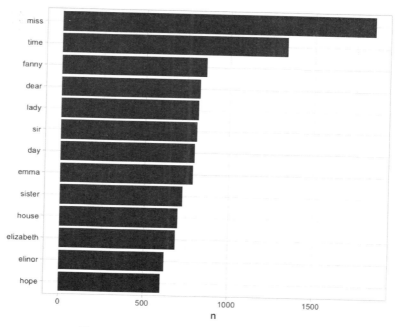

그림 1-2 제인 오스틴의 소설에 가장 흔하게 나오는 단어

austen_books() 함수를 사용하면 우리가 분석하려고 하는 텍스트를 가지고 곧바로 작업을 시작할 수 있지만, 그렇지 않은 경우에는 저작권 헤더를 제거하거나 서식을 지정하는 등 텍스트 데이터를 정돈해야 할 수도 있다. 사례 연구를 다룬 여러 장에서 이런 종류의 전처리를 다룬 예제를 볼 수 있는데, 특히 179쪽부터 시작하는 '전처리' 단원[11]에서 볼 수 있다.

gutenbergr 패키지

이제 janeaustenr 패키지를 사용해 정돈 텍스트를 탐색해 보았으므로, 이번에는 gutenbergr 패키지(Robinson 2016)를 소개하겠다. gutenbergr 패키지(https://github.com/ropenscilabs/gutenbergr 단축 URL http://bit.ly/2stjD8q)는 구텐베르크 프로젝트(Project Gutenberg, https://www.gutenberg.org/) 모음집 중 공공 저작물(public domain works)[12]에 해당하는 텍스트에 접근할 수 있게 한다. 이 패키지에는 도서를 내려받기 위한 도구(도움이 되지 않는 머리글/바닥글 정보는 제거)와 관심 있는 작품을 찾는 데 사용할 수 있는 구텐베르크 프로젝트 메타데이터의 전체 데이터셋이 포함되어 있다. 이 책에서는 구텐베르크 프로젝트에서 ID별로 하나 이상의 작품을 다운로드하는 gutenberg_download() 함수를 주로 사용하지만, 다른 함수를 사용해 메타데이터를 탐색하고 제목, 작성자, 언어 등과 짝을 이루는 구텐베르크 ID를 탐색할 수 있을 뿐만 아니라 저자에 대한 정보도 수집할 수 있다.

 gutenbergr에 대한 자세한 내용은 rOpenSci의 패키지 튜토리얼(https://ropensci.org/tutorials/gutenbergr_tutorial/ 단축 URL http://bit.ly/2ZCoSly)을 참조하자. rOpenSci는 데이터 액세스 패키지 중 하나다.

단어 빈도

제인 오스틴의 소설에 대해 수행한 것처럼 텍스트 마이닝 시에는 단어 빈도를 살핀 다음에 다른 텍스트와 빈도를 비교해 보는 일을 자주 하게 된다. 정돈 데이터 원리를 사용하면 이런 작

11　옮긴이　9장의 사례연구 절에 전처리 항이 있다.

12　옮긴이　저작권 유효 기간이 지났거나 저작권자가 저작권을 포기해서 누구나 사용할 수 있게 되어 공공성을 띠게 된 저작물을 말한다. 원어 그대로 발음하여 '퍼블릭 도메인'이라고도 한다.

업 과정을 직관적이면서도 원활하게 할 수 있다. 우리에게는 이미 제인 오스틴의 작품이 있다. 비교해 볼 원문 두 개를 더 보자. 먼저 19세기 말부터 20세기 초반에 걸쳐 살았던 웰스(H.G. Wells)의 공상 과학 소설과 판타지 소설을 살펴보자. 『The Time Machine』(타임머신, https://www.gutenberg.org/ebooks/35), 『The War of the Worlds』(세계 전쟁, https://www.gutenberg.org/ebooks/36), 『The Invisible Man』(인비지블 맨, https://www.gutenberg.org/ebooks/5230), 『The Island of Doctor Moreau』(닥터 모로의 섬, https://www.gutenberg.org/ebooks/159)를 입수하자. 우리는 gutenberg_download()와 각 소설에 대한 구텐베르크 프로젝트 식별 번호를 사용해 이러한 작품에 액세스할 수 있다.

```
library(gutenbergr)

hgwells <- gutenberg_download(c(35, 36, 5230, 159))

tidy_hgwells <- hgwells %>%
    unnest_tokens(word, text) %>%
    anti_join(stop_words)
```

재미 삼아서 웰스의 소설에 가장 공통적으로 나오는 단어는 무엇인지 알아보자.

```
tidy_hgwells %>%
  count(word, sort = TRUE)

## # A tibble: 11,769 × 2
##      word      n
##      <chr>  <int>
## 1    time    454
## 2  people    302
## 3    door    260
## 4   heard    249
## 5   black    232
## 6   stood    229
## 7   white    222
## 8    hand    218
## 9    kemp    213
## 10   eyes    210
## # ... with 11,759 more rows
```

이번에는 브론테(Brontë) 자매의 유명한 작품을 입수해 볼 텐데, 브론테 자매는 제인 오스틴과 비슷한 시대를 살았지만 오히려 다른 문체로 글을 썼다. 『Jane Eyre』(제인 에어, https://www.gutenberg.org/ebooks/1260), 『Wuthering Heights』(폭풍의 언덕, https://www.gutenberg.

org/ebooks/768), 『The Tenant of Wildfell Hall』(와일드펠 홀의 소작인, https://www.gutenberg.org/ebooks/969), 『Villette』(빌레트, https://www.gutenberg.org/ebooks/9182), 『Agnes Grey』(아그네스 그레이, https://www.gutenberg.org/ebooks/767)를 입수하자. 각 소설에 구텐베르크 프로젝트 식별 번호를 다시 사용하고 gutenberg_download()를 사용하면 해당 텍스트에 액세스할 수 있다.

```
bronte <- gutenberg_download(c(1260, 768, 969, 9182, 767))

tidy_bronte <- bronte %>%
  unnest_tokens(word, text) %>%
  anti_join(stop_words)
```

브론테 자매의 소설에서 가장 자주 출현하는 단어는 무엇인가?

```
tidy_bronte %>%
  count(word, sort = TRUE)

## # A tibble: 23,051 × 2
##        word     n
##       <chr> <int>
## 1      time  1065
## 2      miss   855
## 3       day   827
## 4      hand   768
## 5      eyes   713
## 6     night   647
## 7     heart   638
## 8    looked   602
## 9      door   592
## 10     half   586
## # ... with 23,041 more rows
```

웰스와 브론테 자매의 작품들에서 모두 'time', 'eyes', 'hand'라는 단어가 상위 10위 안에 속한다는 점이 흥미롭다.

이제 제인 오스틴, 브론테 자매 및 웰스의 작품에서 각 단어의 빈도를 계산해 보고 데이터 프레임을 함께 묶자. 우리는 tidyr의 spread()와 gather()를 사용해 데이터 프레임을 재구성함으로써 세 개의 소설을 그려서 비교하기에 알맞게 한다.

```
library(tidyr)

frequency <- bind_rows(mutate(tidy_bronte, author = "Brontë Sisters"),
                       mutate(tidy_hgwells, author = "H.G. Wells"),
                       mutate(tidy_books, author = "Jane Austen")) %>%
        mutate(word = str_extract(word, "[a-z']+")) %>%
        count(author, word) %>%
        group_by(author) %>%
        mutate(proportion = n / sum(n)) %>%
        select(-n) %>%
        spread(author, proportion) %>%
        gather(author, proportion, `Brontë Sisters`:`H.G. Wells`)
```

구텐베르크 프로젝트 내 UTF-8로 인코딩된 텍스트에 밑줄을 쳐서 강조한(기울임 꼴처럼) 몇 가지 사례가 들어 있으므로 여기서는 str_extract()를 사용할 것이다. tokenizer는 이렇게 강조 처리한 단어를 강조 처리를 하지 않은 단어와 서로 다른 단어로 여기지만, str_extract()를 사용해 보기 전에 우리가 초기 데이터 탐색 작업을 할 때에 보았듯이 우리는 'any'와 'any'를 따로 세기를 원하지 않는다.

이제 그래프를 그려 보자(그림 1-3).

```
library(scales)

# 결측값(missing values)이 제거된 행(row)에 대한 경고가 표시될 수 있다.
ggplot(frequency, aes(x = proportion, y = `Jane Austen`,
                      color = abs(`Jane Austen` - proportion))) +
    geom_abline(color = "gray40", lty = 2) +
    geom_jitter(alpha = 0.1, size = 2.5, width = 0.3, height = 0.3) +
    geom_text(aes(label = word), check_overlap = TRUE, vjust = 1.5) +
    scale_x_log10(labels = percent_format()) +
    scale_y_log10(labels = percent_format()) +
    scale_color_gradient(limits = c(0, 0.001),
                         low = "darkslategray4", high = "gray75") +
        facet_wrap(~author, ncol = 2) +
        theme(legend.position="none") +
        labs(y = "Jane Austen", x = NULL)
```

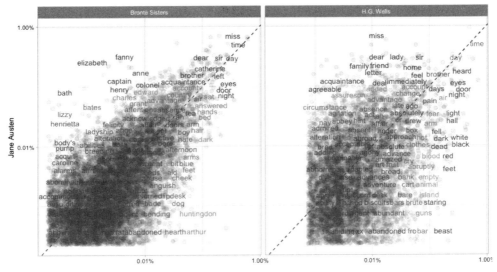

그림 1-3 제인 오스틴, 브론테 자매 및 웰스의 단어 빈도를 비교

이 그림들 중에서 점선에 가까운 단어는 두 텍스트 집합에서 모두 비슷한 빈도를 보이는데, 예를 들면 오스틴과 브론테의 텍스트를 비교한 경우(빈도가 높은 상단에 'miss', 'time', 'day'가 있음)와 오스틴과 웰스의 텍스트를 비교한 경우(빈도가 높은 상단에 'time', 'day', 'brother'가 있음)를 들 수 있다. 점선에서 멀리 떨어져 있는 단어는 어느 한쪽 텍스트 집합에서만 더 많이 발견되는 단어다. 예를 들어 오스틴-브론테 비교 그림에서 'elizabeth', 'anne', 'fanny'와 같은 단어(모두 고유 명사)는 오스틴의 텍스트에는 많지만 브론테 텍스트에는 많지 않고, 'arthur'와 'dog'는 브론테 텍스트에는 있지만 오스틴 텍스트에는 없다. 웰스를 제인 오스틴과 비교해 보면 웰스가 쓰는 'beast', 'guns', 'feet', 'black'과 같은 단어를 오스틴은 쓰지 않는 반면에, 오스틴이 사용하는 'family', 'friend', 'letter', 'dear'와 같은 단어를 웰스는 쓰지 않는다.

전반적으로 그림 1-3에서 오스틴-브론테 비교 그래프에 나오는 단어들이 오스틴-웰스 비교 그래프에 나오는 것보다 기울게 그어진 점선에 더 가까이 있다는 점에 주목하자. 또한 단어가 오스틴-브론테 그래프에서 빈도가 더 낮은 곳까지 퍼져 있다는 점에 주목하자. 오스틴-웰스 비교 그래프에서는 빈도가 낮은 곳이 비어 있다. 이러한 특성은 오스틴이 웰스보다는 브론테와 더 비슷한 단어를 사용함을 나타낸다. 또한 우리는 모든 단어가 세 가지 집합으로 이뤄진 텍스트 모두에 나오지는 않는다는 점과, 오스틴과 웰스의 빈도를 나타낸 그래프에 데이터 점이 적다는 것을 알 수 있다.

이러한 단어 집합의 유사성과 차이점을 상관 검정을 통해 **정량화**(quantify, 수량화)해 보자. 오스틴과 브론테 자매 사이, 오스틴과 웰스 사이의 단어 빈도는 어떤 **상관**(correlation)이 있는가?[13]

```
cor.test(data = frequency[frequency$author == "Brontë Sisters",],
         ~ proportion + `Jane Austen`)

##
##  Pearson's product-moment correlation
##
## data:  proportion and Jane Austen
## t = 119.64, df = 10404, p-value < 2.2e-16
## alternative hypothesis: true correlation is not equal to 0
## 95 percent confidence interval:
##  0.7527837 0.7689611
## sample estimates:
##       cor
## 0.7609907

cor.test(data = frequency[frequency$author == "H.G. Wells",],
         ~ proportion + `Jane Austen`)

##
##  Pearson's product-moment correlation
##
## data:  proportion and Jane Austen
## t = 36.441, df = 6053, p-value < 2.2e-16
## alternative hypothesis: true correlation is not equal to 0
## 95 percent confidence interval:
##  0.4032820 0.4446006
## sample estimates:
##       cor
## 0.424162
```

우리가 그래프에서 볼 수 있었듯이 오스틴과 웰스 사이보다는 오스틴과 브론테 소설 사이에서 단어의 빈도가 더 많이 연관되어 있다.[14]

---

13 옮긴이 출력되는 수치가 다를 수 있다.

14 옮긴이 각 출력의 끝에 나오는 수치, 즉 상관 계수가 오스틴-브론테(0.7609907)의 것이 오스틴-웰스의 것(0.424162)보다 더 크다.

요약

이번 장에서는 텍스트와 관련되었을 때 **정돈 데이터(tidy data, 깔끔한 데이터)**가 무엇을 의미하는지, 그리고 **정돈 데이터 원리(tidy data principles)**가 자연어 처리에 어떻게 적용될 수 있는지를 살펴보았다. 텍스트가 1행당 1토큰 형식으로 구성되어 있으면 정돈 도구 생태계를 이루는 도구들을 동원해 불용어 제거 작업이나 단어 빈도 계산 작업과 같은 연산을 자연스럽게 처리할 수 있다. 1행당 1토큰이라는 구조를 단일 단어뿐만 아니라 엔그램을 거쳐 기타 의미 있는 텍스트 단위까지 확장해 적용할 수 있을 뿐 아니라, 이 책에서 앞으로 다루게 될 우선 분석 대상으로도 확장할 수 있다.

2

정돈 데이터를 사용한 정서분석

1장에서는 **정돈 텍스트 형식(tidy text format)**이 무엇을 의미하는지 깊이 살펴보고 이 형식을 사용해 단어 빈도에 관한 질문에 접근하는 방법을 보여 줬다. 이를 통해 문서에서 가장 자주 사용되는 단어를 분석하고 문서를 비교할 수 있었지만 이번에는 다른 주제를 살펴보자. **오피니언 마이닝(opinion mining, 견해 추출)**이나 **정서분석(sentiment analysis)**[1]에 관한 주제를 다뤄 보자는 말이다. 사람인 독자가 텍스트를 읽을 때면 텍스트의 한 부분이 긍정적인지 부정적인지 또는 놀람이나 혐오와 같은 다른 미묘한 정서를 드러내는지를 파악하려 하는 게 자연스럽다. 즉, 사람이라면 누구나 단어의 정서적 의도를 파악하려 한다는 말이다. 그림 2-1과 같이 텍스트 마이닝 도구를 사용하면 프로그램을 작성해 텍스트의 정서를 파악할 수 있다.

텍스트의 정서를 분석하는 한 가지 방법은 텍스트를 개별 단어의 조합으로 간주하고 전체 텍스트의 정서 내용을 개별 단어의 정서 내용의 합계로 간주하는 것이다. 이것이 정서분석에 접근하는 유일한 방법은 아니지만 자주 사용되는 접근법이며, 자연스럽게 **정돈 도구 생태계(tidy tool ecosystem)**를 이용하는 방식이다.

---

1 [옮긴이] 저자의 머리말에 단 역주에서도 밝혔듯이 감성분석, 감정분석, 감상분석 등으로도 부르고 있지만, 원어의 개념에 가장 적합한 정서분석으로 번역했다.

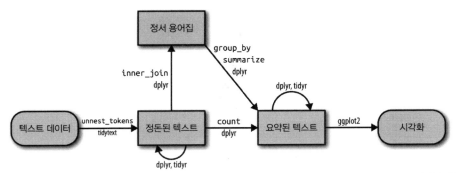

그림 2-1 정서분석에 **tidytext**를 사용하는 전형적인 텍스트 분석의 순서도. 이번 장에서는 정돈 데이터 원리를
사용해 정서분석을 구현하는 방법을 보여 준다.

정서 데이터셋

위에서 논의했듯이 텍스트에서 의견이나 정서를 평가하는 방법은 다양하고 관련 사전도 여러
개 있다. tidytext 패키지에 포함된 sentiments 데이터셋에는 용어집이 다수 들어 있다.

```
library(tidytext)

sentiments

## # A tibble: 27,314 × 4
##           word sentiment lexicon score
##          <chr>     <chr>   <chr> <int>
## 1       abacus     trust     nrc    NA
## 2      abandon      fear     nrc    NA
## 3      abandon  negative     nrc    NA
## 4      abandon   sadness     nrc    NA
## 5    abandoned     anger     nrc    NA
## 6    abandoned      fear     nrc    NA
## 7    abandoned  negative     nrc    NA
## 8    abandoned   sadness     nrc    NA
## 9  abandonment     anger     nrc    NA
## 10 abandonment      fear     nrc    NA
## # ... with 27,304 more rows
```

세 가지 범용 용어집은 다음과 같다.

- 핀 아웁 닐슨(Finn Årup Nielsen)이 만든 AFINN(http://www2.imm.dtu.dk/pubdb/views/
  publication_details.php?id=6010 단축 URL http://bit.ly/2s50F5w)

- 빙 리우(Bing Liu)와 그의 협력자들이 만든 Bing(https://www.cs.uic.edu/~liub/FBS/sentiment-analysis.html 단축 URL http://bit.ly/2s4B254)
- 세이프 모하메드(Saif Mohammad)와 피터 터니(Peter Turney)로부터 나온 NRC(http://saifmohammad.com/WebPages/NRC-Emotion-Lexicon.htm 단축 URL http://bit.ly/2Vd9uIP)

세 용어집은 **유니그램(unigrams)**, 즉 단일 단어를 기반으로 한다. 이 용어집들에는 많은 영어 단어가 들어 있는데, 각 단어에는 긍정/부정에 관한 **정서(sentiment)**를 점수로 환산한 내역이 할당되거나 기쁨, 분노, 슬픔과 같은 **감정(emotion)**을 점수로 환산한 내역이 할당된다. **NRC 용어집**은 단어를 긍정(positive), 부정(negative), 분노(anger), 기대감(anticipation), 혐오감(disgust), 두려움(fear), 기쁨(joy), 슬픔(sadness), 놀라움(surprise) 및 신뢰(trust)라는 범주에 맞춰 이진 방식(예/아니요)으로 분류한다. **Bing 용어집**은 단어를 이진 형식에 맞춰 긍정과 부정 범주로 분류한다. **AFINN 용어집**에서는 –5에서 5 사이의 점수를 단어에 할당하고 있는데, 음수는 부정 정서를 나타내고 양수는 긍정 정서를 나타낸다. 이 모든 정보는 sentiments 데이터셋 안에 테이블로 만들어져 있으며, tidytext는 get_sentiments() 함수를 사용해 사용되지 않는 열이 없는 특정 정서 용어집을 해당 용어집에서 가져다 쓸 수 있게 한다.

```
get_sentiments("afinn")

## # A tibble: 2,476 × 2
##          word score
##         <chr> <int>
## 1     abandon    -2
## 2   abandoned    -2
## 3    abandons    -2
## 4    abducted    -2
## 5   abduction    -2
## 6  abductions    -2
## 7       abhor    -3
## 8    abhorred    -3
## 9   abhorrent    -3
## 10     abhors    -3
## # ... with 2,466 more rows

get_sentiments("bing")

## # A tibble: 6,788 × 2
##        word sentiment
##       <chr>     <chr>
## 1   2-faced  negative
## 2   2-faces  negative
## 3        a+  positive
```

```
## 4     abnormal  negative
## 5      abolish  negative
## 6   abominable  negative
## 7   abominably  negative
## 8    abominate  negative
## 9  abomination  negative
## 10       abort  negative
## # ... with 6,778 more rows


get_sentiments("nrc")

## # A tibble: 13,901 × 2
##            word sentiment
##           <chr>     <chr>
## 1       abacus     trust
## 2      abandon      fear
## 3      abandon  negative
## 4      abandon   sadness
## 5    abandoned     anger
## 6    abandoned      fear
## 7    abandoned  negative
## 8    abandoned   sadness
## 9  abandonment     anger
## 10 abandonment      fear
## # ... with 13,891 more rows
```

이러한 정서 용어집들에 나오는 용어들을 어떻게 모아서 검증하였을까(즉, 어떤 근거로 점수를 부여하거나 분류를 해 두었을까)? 이 용어집들은 크라우드소싱(예를 들면 Amazon Mechanical Turk 사용)을 하거나 저작자들이 애써서 구성한 것으로 음식점 후기, 영화에 대한 감상평, 트위터 데이터를 크라우드소싱으로 모아 검증했다. 이런 면을 생각해 본다면, 우리는 이러한 정서 용어집들을 검증된 텍스트와는 극적으로 다른, 200년 전에 있었던 서사시와 같은 텍스트 문체에까지 적용하기가 꺼려질 수 있다. 예를 들어 이러한 정서 용어집들을 제인 오스틴의 소설에 사용한다면 현대에 활동하는 작가가 올린 트윗보다 정확도가 떨어질 수 있다. 그럼에도 불구하고 우리는 용어집과 텍스트 전체에서 공유되는 단어에 대한 정서 내용을 측정할 수 있을 것이다.

특정 분야에 한정된 정서 용어집도 있는데, 이런 것들은 특화된 콘텐츠 영역에서 가져온 텍스트에 사용할 수 있게 구성한 것이다. 이 책의 97쪽에 나오는 **'사례 연구: 금융 관련 기사 마이닝'**에서는 재무 분야 정서 용어집을 사용해 분석을 모색한다.

 우리가 논의하고 있는 것과 같은 용어집 기반의 방법은 텍스트의 각 단어에 대한 개별적인 정서 점수를 더함으로써 텍스트의 전체 정서를 찾는 방식이다.

많은 영어 단어들이 꽤 중립적이기 때문에 모든 영어 단어가 용어집에 들어 있지는 않다. 이러한 방법은 'no good' 또는 'not true'와 같이 단어 앞에 나오는 **한정어(qualifiers)[2]**를 고려하지 않는다는 점을 명심해야 한다. 이와 같은 용어집 기반의 방법은 유니그램만을 기반으로 한다. 많은 종류의 텍스트(아래에 나오는 서사 사례와 같이)에는 풍자나 부정적 내용이 지속적으로 나오는 부분이 없으므로 중요한 영향을 미치지 않는다. 또한 **정돈 텍스트 접근법(tidy text approach)**을 사용해, 주어진 텍스트에서 어떤 종류의 부정 단어가 중요한지 이해하는 일에 착수할 수 있다. 그러한 분석을 펼쳐 보는 예제는 9장에 나온다.

마지막으로 주의해야 할 점은 유니그램의 정서 점수를 더하기 위해 사용하는 텍스트 덩어리(chunk)의 크기가 분석에 영향을 줄 수 있다는 것이다. 여러 개의 단락으로 구성된 텍스트는 종종 긍정 정서나 부정 정서의 평균이 약 0이 되는 반면에 한 문장 크기나 한 단락 크기에 불과한 텍스트에서는 부정 정서나 긍정 정서를 알아내기가 더 쉽다.

내부 조인을 사용한 정서분석

정돈된 형식의 데이터를 사용하면 정서분석을 **내부 조인(inner join)**으로 수행할 수 있다. 이것은 텍스트 마이닝을 정돈 데이터 분석 작업으로 보는 경우의 또 다른 성공 사례. 불용어를 제거하는 것이 **안티 조인(anti join)** 작업이고, 정서분석을 수행하는 것이 내부 조인 작업이기 때문이다.

NRC 용어집에서 기쁨(joy)에 해당하는 점수가 있는 단어를 보자. 『Emma』에서 가장 공통으로 나타나는 기쁨 관련 단어는 무엇인가? 먼저 우리는 소설의 텍스트를 가져와서 6쪽의 '**제인 오스틴의 작품을 정돈하기**'에서 했던 것처럼 unnest_tokens()를 사용해 텍스트를 정돈된 형식으로 변환해야 한다. 각 단어가 나오는 도서의 줄(line)과 장(chapter)을 추적하기 위해 그 밖의 열들도 설정해 보자. 우리는 group_by()와 mutate()를 사용해 해당 열들을 구축한다.

```
library(janeaustenr)
library(dplyr)
library(stringr)
```

---

2 [옮긴이] 여기서는 no와 not을 말한다.

```
tidy_books <- austen_books() %>%
            group_by(book) %>%
            mutate(linenumber = row_number(),
                  chapter = cumsum(str_detect(text, regex("^chapter [\\divxlc]",
                                                  ignore_case = TRUE)))) %>%
            ungroup() %>%
            unnest_tokens(word, text)
```

unnest_tokens()에서 나오는 출력 열에 word라는 이름을 붙였다는 점에 주목하라. 정서 용어집과 불용어 데이터셋에는 word라는 열들이 있기 때문에 이런 식으로 이름을 붙이면 편리하다. 내부 조인과 안티 조인을 수행하기가 쉬워지기 때문이다.

이제 텍스트가 한 행에 한 단어씩 정돈된 형식으로 되어 있으므로 정서분석을 할 준비가 되었다. 먼저 기쁨을 나타내는 단어들을 알기 위해 NRC 용어집과 filter()를 사용하자. 다음으로 『Emma』에 나온 단어들에 대해 도서에서 뽑아낸 텍스트를 사용해 데이터 프레임을 filter()로 처리한 다음 inner_join()을 사용해 정서분석을 수행하자. 『Emma』에서 기쁨을 가장 흔하게 나타내는 단어는 무엇인가? dplyr의 count()를 사용하자.

```
nrcjoy <- get_sentiments("nrc") %>%
    filter(sentiment == "joy")

tidy_books %>%
    filter(book == "Emma") %>%
    inner_join(nrcjoy) %>%
    count(word, sort = TRUE)

## # A tibble: 303 × 2
##        word     n
##       <chr> <int>
## 1      good   359
## 2     young   192
## 3    friend   166
## 4      hope   143
## 5     happy   125
## 6      love   117
## 7      deal    92
## 8     found    92
## 9   present    89
## 10     kind    82
## # ... with 293 more rows
```

여기에서 우리는 hope(희망), friend(우정), love(사랑)처럼 긍정적이고 행복감을 나타내는 단어들을 많이 볼 수 있다.

이런 식으로 정서를 분석하는 방식 대신에 우리는 각 소설에서 정서가 전반적으로 어떻게 변하는지 확인할 수도 있을 것이다. 대부분 dplyr 함수들로 이뤄진 몇 줄만으로 이 작업을 수행할 수 있다. 먼저 우리는 Bing 어휘와 inner_join()을 사용해 각 단어에 대한 정서 점수를 찾는다.

다음으로 각 도서에서 정의한 단원(section)별로 긍정 단어와 부정 단어가 몇 개인지를 세어 본다. 여기서 우리는 전반적인 서사 구조 중에서 어디쯤에 초점을 맞추고 있는지를 추적하기 위해 index를 정의한다. 이 인덱스(index, 색인)를 우리는 정수로 나눠 떨어지게 할 테고, 텍스트의 80줄을 1개 단원(section)으로 삼아 정서를 계수(count)할 것이다.

%/% 연산자는 정수 나눗셈(x %/% y는 floor(x / y)와 같음)과 같으므로, 이 %/% 연산자를 사용하면 80줄을 한 단원으로 삼아 긍정 정서와 부정 정서를 계수해 볼 수 있다.

텍스트 중 작은 단원이라면 정서를 적절히 추정하는 데 충분한 단어가 들어 있지 않을 수 있지만 아주 큰 단원이라면 서사 구조까지도 밝혀낼 수 있다. 여기서 분석하고 있는 도서들의 경우에는 80줄을 1개 단원으로 간주해 버린 전략이 잘 먹혀들고 있지만, 그 밖의 텍스트에서나, 또는 줄의 길이가 달라졌을 때에는 이런 전략이 먹히지 않을 수도 있다. 어쨌든 여기서 우리는 80줄을 한 단원으로 처리해 정서를 계수(count)한 다음에, spread()를 사용해 부정 정서나 긍정 정서를 별도의 열에 표시하고 마지막으로 순수 정서(긍정 정서에서 부정 정서를 뺀 것, 즉 positive - negative)를 계산한다.

```
library(tidyr)

janeaustensentiment <- tidy_books %>%
  inner_join(get_sentiments("bing")) %>%
  count(book, index = linenumber %/% 80, sentiment) %>%
  spread(sentiment, n, fill = 0) %>%
  mutate(sentiment = positive - negative)
```

이제 우리는 각 소설 속 플롯(plot, 줄거리, 즉 사건 순서/사건 패턴)의 자취를 따라서 이러한 정서 점수들을 그래프로 그려(plot) 낼 수 있다. 우리는 텍스트를 이루고 있는 단원들의 순서를 일종의 서사 시간으로 여기고, 이 서사 시간(narrative time)을 x 축의 지표로 삼아(그림 2-2) 그래프를 그리고 있다는 점에 유념하라.

```
library(ggplot2)

ggplot(janeaustensentiment, aes(index, sentiment, fill = book)) +
  geom_col(show.legend = FALSE) +
  facet_wrap(~book, ncol = 2, scales = "free_x")
```

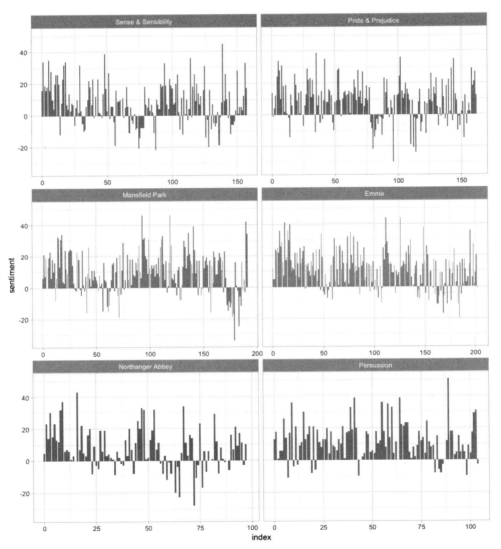

그림 2-2 제인 오스틴 소설의 서사에 나타나는 정서

우리는 그림 2-2에서 각 소설의 플롯(plot, 줄거리)이 스토리(story, 이야기)의 자취를 따라 더 긍정적이거나 부정적인 정서로 변하는 것을 볼 수 있다.

세 가지 정서 사전 비교

몇 가지 옵션을 사용하면 자신의 목적에 부합하는 정서 용어집을 알아낼 수 있다. 세 가지 정서 용어집을 모두 사용하면서 정서가 『Pride and Prejudice』의 서사에서 어떻게 변하는지 확인해 보자. 먼저 filter()를 사용해 우리가 관심을 둔 소설 한 권에서 단어들을 골라내어 보자.

```
pride_prejudice <- tidy_books %>%
  filter(book == "Pride & Prejudice")

pride_prejudice

## # A tibble: 122,204 × 4
##               book linenumber chapter     word
##             <fctr>      <int>   <int>    <chr>
## 1  Pride & Prejudice          1       0    pride
## 2  Pride & Prejudice          1       0      and
## 3  Pride & Prejudice          1       0 prejudice
## 4  Pride & Prejudice          3       0       by
## 5  Pride & Prejudice          3       0     jane
## 6  Pride & Prejudice          3       0   austen
## 7  Pride & Prejudice          7       1  chapter
## 8  Pride & Prejudice          7       1        1
## 9  Pride & Prejudice         10       1       it
## 10 Pride & Prejudice         10       1       is
## # ... with 122,194 more rows
```

이제 inner_join()을 사용해 다양한 방식으로 정서를 계산할 수 있다.

 앞서 나왔던 AFINN 용어집은 -5와 5 사이의 수치 점수로 정서를 측정하는 반면, 다른 두 용어집은 긍정과 부정이라는 이진법으로 단어를 분류한다는 것을 기억하자. 소설 전체에서 텍스트 덩어리 단위로 정서 점수를 찾으려면 나머지 두 용어집과 사뭇 다른 패턴을 AFINN 용어집에서 사용해야 한다.

다시 한번 더 정수 나눗셈(%/%)을 사용해 여러 줄에 걸쳐 있는 더 큰 텍스트 부분을 정의하고 count(), spread() 및 mutate()와 같은 패턴을 사용해 이들 각 텍스트 부분들에서 순수한 정서를 찾아내 보자.

```
afinn <- pride_prejudice %>%
  inner_join(get_sentiments("afinn")) %>%
  group_by(index = linenumber %/% 80) %>%
  summarise(sentiment = sum(score)) %>%
  mutate(method = "AFINN")

bing_and_nrc <- bind_rows(
  pride_prejudice %>%
    inner_join(get_sentiments("bing")) %>%
    mutate(method = "Bing et al."),
  pride_prejudice %>%
    inner_join(get_sentiments("nrc") %>%
                   filter(sentiment %in% c("positive", "negative"))) %>%

  mutate(method = "NRC")) %>%
  count(method, index = linenumber %/% 80, sentiment) %>%
  spread(sentiment, n, fill = 0) %>%
  mutate(sentiment = positive - negative)
```

이제 우리는 소설의 본문 중 일부를 따낸 덩어리별로 각 정서 용어집을 적용해 순수한 정서(긍정 정서에서 부정 정서를 뺀 것, 즉 positive – negative)를 추정했다.

```
bind_rows(afinn, bing_and_nrc) %>%
  ggplot(aes(index, sentiment, fill = method)) +
  geom_col(show.legend = FALSE) +
  facet_wrap(~method, ncol = 1, scales = "free_y")
```

정서를 계산하는 데 사용하는 세 가지 용어집은 절대적인 의미에서는 다르지만 분석 대상으로 삼은 소설에서는 상대적으로 비슷한 자취를 보인다. 우리는 그래프를 보고 한 가지 소설일지라도 비슷한 자리에서 골짜기(작은 값)와 봉우리(큰 값)가 나타난다는 점을 확인해 볼 수 있기는 하지만, 각 값의 절댓값은 크게 다르다. AFINN 용어집의 절댓값이 가장 크고 긍정값이 크다. Bing et al. 용어집은 절댓값이 더 작으면서도 인접한 긍정 텍스트나 부정 텍스트끼리 큰 블록을 형성하는 것처럼 보인다. NRC 용어집을 사용했을 때 나온 결과를 보면, 나머지 용어집을 적용한 텍스트로 인해 나온 결과보다 상대적으로 음인 값들이 적어서, 텍스트의 정서가 더 긍정적이라는 점을 레이블 처리해 보여 주는 것처럼 보이지만, 상대적인 변화는 비슷하다. 그 밖의 소설에 이 세 가지 용어집을 적용해 본다고 해도 세 가지 방식들 간의 차이점이 비슷하게 나타날 것이다. 즉, NRC 용어집을 사용했을 때의 정서 점수가 높고(음인 점수가 상대적으로 적고), AFINN의 경우에는 더 분산되며, Bing at al. 용어집을 적용한 경우에는 본문(text)들이 서로 비슷한 경우에 막대가 더 길게 나타난다는 점이다. 그렇지만 세 가지 용어집은 모두 서사적 이야기의 전반적인 경향을 대략적으로 보여 준다.

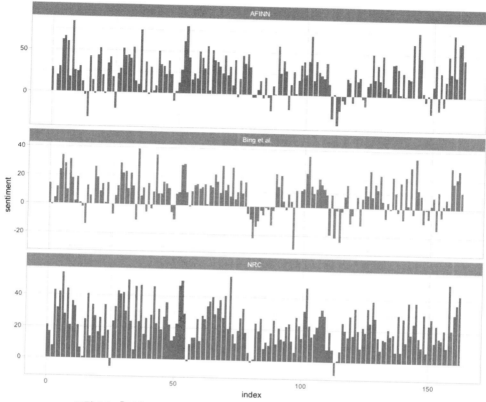

그림 2-3 『Pride and Prejudice』를 사용해 세 가지 정서 용어집을 비교하기

예를 들어 Bing et al.의 결과에 NRC 용어집이 정서적으로 편향된 결과를 보여 주는데 왜 그런 것일까? 이 용어집에 몇 개의 긍정 단어와 부정 단어가 있는지 간단히 살펴보자.

```
get_sentiments("nrc") %>%
  filter(sentiment %in% c("positive", "negative")) %>%

  count(sentiment)

## # A tibble: 2 × 2
##   sentiment     n
##       <chr> <int>
## 1  negative  3324
## 2  positive  2312

get_sentiments("bing") %>%
    count(sentiment)
```

```
## # A tibble: 2 × 2
##   sentiment     n
##       <chr> <int>
## 1 negative  4782
## 2 positive  2006
```

두 용어집 모두 긍정 단어보다 부정 단어가 더 많지만, 긍정 단어 대비 부정 단어의 비율은 Bing et al. 용어집이 NRC 용어집보다 높다. 이는 위의 그림에서 볼 수 있는 영향을 끼칠 것이다. 예를 들어 NRC 용어집에 들어 있는 부정 단어가 제인 오스틴이 사용하는 단어와 잘 일치하지 않는 경우처럼, 단어 일치의 체계적인 차이도 이와 같을 것이다. 이러한 차이점이 무엇 때문에 생긴 것이든지 간에 서술적 이야기에 걸쳐서 유사한 상대적 자취를 볼 수 있는데, (그래프에 보이는 각 막대 간의) 기울기는 비슷하지만 용어집에서 용어집으로 이어지는 절대적인 정서 차이가 나타난다. 그러므로 이런 면을 신중하게 고려해서 분석용 정서 용어집을 선정하는 게 바람직하다.

가장 흔한 긍정 단어와 부정 단어

한 가지 데이터 프레임에 정서와 단어를 모두 두면 각 정서에 기여하는 단어가 몇 개인지를 분석할 수 있다는 장점이 생긴다. 여기에서는 count()에 word와 sentiment를 씀으로써 각 단어가 각 정서에 얼마나 기여했는지 알아내고 있다.

```
bing_word_counts <- tidy_books %>%
  inner_join(get_sentiments("bing")) %>%
  count(word, sentiment, sort = TRUE) %>%
  ungroup()

bing_word_counts

## # A tibble: 2,585 × 3
##       word   sentiment     n
##      <chr>       <chr> <int>
## 1     miss    negative  1855
## 2     well    positive  1523
## 3     good    positive  1380
## 4    great    positive   981
## 5     like    positive   725
## 6   better    positive   639
```

```
## 7      enough    positive    613
## 8      happy     positive    534
## 9      love      positive    495
## 10 pleasure  positive    462
## # ... with 2,575 more rows
```

이것을 시각적으로 볼 수 있으며 정돈 데이터 프레임을 처리하기 위해 만들어진 도구를 일관되게 사용하는 방식 때문에 **ggplot2**에 직접 연결할 수 있다(그림 2-4).

```
bing_word_counts %>%
  group_by(sentiment) %>%
  top_n(10) %>%
  ungroup() %>%
  mutate(word = reorder(word, n)) %>%
  ggplot(aes(word, n, fill = sentiment)) +
  geom_col(show.legend = FALSE) +
  facet_wrap(~sentiment, scales = "free_y") +
  labs(y = "Contribution to sentiment", x = NULL) +
  coord_flip()
```

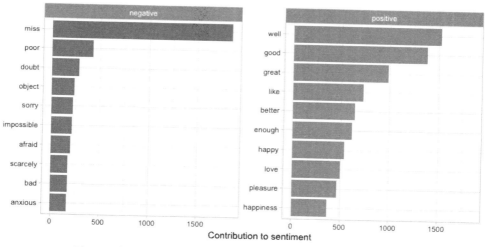

그림 2-4 제인 오스틴의 소설에서 긍정 정서와 부정 정서를 불러일으키는 단어

그림 2-4를 살펴보면 정서분석에서 비정상적인 부분을 발견할 수 있는데, 'miss'라는 단어가 부정적인 단어에 올라가 있다. 그렇지만 사실은 이 miss라는 단어가 제인 오스틴의 작품에서는 오히려 젊은 미혼 여성을 부르는 호칭으로 사용된 것이다. 그러므로 필요하다면 `bind_rows()`를 사용해 사용자 정의 불용어 목록에 'miss'를 쉽게 추가할 수 있다. 다음과 같은 전

략으로 그것을 구현할 수 있다.

```
custom_stop_words <- bind_rows(data_frame(word = c("miss"),
                                           lexicon = c("custom")),
                               stop_words)

custom_stop_words

## # A tibble: 1,150 × 2
##          word lexicon
##         <chr>   <chr>
## 1        miss  custom
## 2           a   SMART
## 3         a's   SMART
## 4        able   SMART
## 5       about   SMART
## 6       above   SMART
## 7     according   SMART
## 8  accordingly   SMART
## 9      across   SMART
## 10    actually   SMART
## # ... with 1,140 more rows
```

워드 클라우드³

이 **정돈 텍스트 마이닝(tidy text mining)**이라는 접근법이 ggplot2와 잘 어울려 작동하지만, 데이터를 정돈된 형식으로 유지하면 그 밖의 그림을 그릴 때에도 유용하다.

예를 들어 기본 R 그래픽을 사용하는 **wordcloud** 패키지를 생각해 보자. 제인 오스틴의 작품에서 가장 흔하게 나오는 단어를 전체적으로 다시 살펴보되, 이번에는 그림 2-5에 나오는 wordcloud를 사용해 보자.

```
library(wordcloud)

tidy_books %>%
  anti_join(stop_words) %>%
  count(word) %>%
  with(wordcloud(word, n, max.words = 100))
```

3　[옮긴이] 즉, word cloud. '단어 구름'이라고 번역해서 부르기도 한다.

그림 2-5 제인 오스틴의 소설에서 가장 흔하게 나오는 단어

comparison.cloud()와 같은 그 밖의 함수들에서 reshape2 패키지의 acast()를 사용해 데이터 프레임을 행렬로 변환해야 할 수도 있다. 정서분석을 통한 내부 조인을 사용해 긍정 단어와 부정 단어에 태그를 추가한 다음 가장 흔한 긍정 단어와 부정 단어를 찾아보자. 데이터를 comparison.cloud()로 보내야 하는 단계에 이르기 전까지는 데이터가 정돈 형식이기 때문에 조인 처리, 파이프 처리 및 dplyr을 사용할 수 있다(그림 2-6).

```
library(reshape2)

tidy_books %>%
  inner_join(get_sentiments("bing")) %>%
  count(word, sentiment, sort = TRUE) %>%
  acast(word ~ sentiment, value.var = "n", fill = 0) %>%
  comparison.cloud(colors = c("gray20", "gray80"),
                   max.words = 100)
```

그림 2-6 제인 오스틴의 소설에서 가장 흔한 긍정 단어와 부정 단어

그림 2-6에 나오는 각 단어의 크기는 해당 단어가 정서에 기여한 빈도에 비례한다. 우리는 이 시각화한 그림을 사용해 가장 중요한 긍정 단어와 부정 단어를 알 수는 있지만, 단어들의 크기만으로 정서를 가늠하기에는 완벽하지 않다.

단순한 단어 이상인 단위 보기

유용한 작품을 **단어 수준(word level)**에서 토큰화할 수 있지만 때로는 다른 단위에 맞춰 텍스트를 살펴보는 편이 더 유용하기도 하고 필요하기도 하다. 예를 들어 전체 문장의 정서를 이해할 수 있게 하기 위해 일부 정서분석 알고리즘은 유니그램(즉, 단일 단어)을 넘어서려고 한다. 이러한 알고리즘들은 'I am not having a good day(일진이 안 좋아)'라는 말이 기쁨을 나타내는 문장이 아닌 슬픔을 나타내는 문장이라는 점을 이해하려고 시도한다. coreNLP(Arnold and Tilton

2016), cleanNLP(Arnold 2016) 및 sentimentr(Rinker 2017)을 포함한 여러 R 패키지들은 그러한 정서분석 알고리즘의 예다. 이런 패키지들을 사용해서 단어 단위가 아닌 문장 단위로 정서를 분석하려면 우리는 텍스트를 문장 단위로 토큰화해야 하는데, 그런 경우에는 출력 열에 새 이름을 사용하는 게 적절하다.

```
PandP_sentences <- data_frame(text = prideprejudice) %>%
  unnest_tokens(sentence, text, token = "sentences")
```

하나만 살펴보자.

```
PandP_sentences$sentence[2]

## [1] "however little known the feelings or views of such a man may be on his
first entering a neighbourhood, this truth is so well fixed in the minds of the
surrounding families, that he is considered the rightful property of some one or
other of their daughters."
```

문장을 토큰화할 때 UTF-8로 인코딩된 텍스트, 그중에서도 특히 대화 부분에 약간의 문제가 생기는 것처럼 보인다. 그러므로 아스키(ASCII)로 구두점을 인코딩하면 훨씬 효과적이다. 이게 중요하다면 중첩을 해제하기 전에 mutate 문에서 iconv() 대신에 iconv (text, to = 'latin1')와 같은 것을 사용해 볼 수 있을 것이다.

unnest_tokens()의 또 다른 옵션은 정규 표현식 패턴을 사용해 토큰으로 분할하는 것이다. 예를 들면 이것을 사용해 제인 오스틴의 소설 텍스트를 각 장별로 데이터 프레임으로 분리할 수 있다.

```
austen_chapters <- austen_books() %>%
  group_by(book) %>%
  unnest_tokens(chapter, text, token = "regex",
                pattern = "Chapter|CHAPTER [\\dIVXLC]") %>%
  ungroup()

austen_chapters %>%
  group_by(book) %>%
  summarise(chapters = n())

## # A tibble: 6 × 2
##                book chapters
##              <fctr>    <int>
```

```
## 1 Sense & Sensibility      51
## 2   Pride & Prejudice      62
## 3     Mansfield Park      49
## 4              Emma      56
## 5   Northanger Abbey      32
## 6        Persuasion      25
```

우리는 각 소설의 정확한 장(chapter, 각 소설에서 제목을 달기 위해 '추가한' 줄) 수를 복구했다. austen_chapters 데이터 프레임에서 각 행은 하나의 장에 해당한다.

이번 장의 시작 부분쯤에서 우리는 유사 regex를 사용해 1행당 1단어 구조로 조직된 정돈 데이터 프레임에 대해서 각 장이 오스틴의 소설들 중에 어느 소설에 속해 있었는지를 찾아보았다. 제인 오스틴의 소설에서 가장 부정적인 장이 어떤 것인지와 같은 질문에 답을 할 수 있게 정돈 텍스트 분석을 할 수 있다. 먼저 Bing et al. 용어집에서 부정 단어 목록을 얻자. 둘째, 장 길이를 정규화할 수 있도록 각 장에 몇 개의 단어가 들어 있는지에 대한 데이터 프레임을 만들자. 그런 다음 각 장의 부정 단어의 개수를 찾고 각 장의 전체 단어로 나누자. 각 도서에서 부정 단어가 가장 큰 비율로 나오는 장은 무엇인가?

```
bingnegative <- get_sentiments("bing") %>%
  filter(sentiment == "negative")

wordcounts <- tidy_books %>%
  group_by(book, chapter) %>%
  summarize(words = n())

tidy_books %>%
  semi_join(bingnegative) %>%
  group_by(book, chapter) %>%
  summarize(negativewords = n()) %>%
  left_join(wordcounts, by = c("book", "chapter")) %>%
  mutate(ratio = negativewords/words) %>%
  filter(chapter != 0) %>%
  top_n(1) %>%
  ungroup()

## # A tibble: 6 × 5
##                   book chapter negativewords words      ratio
##                  <fctr>   <int>         <int> <int>      <dbl>
## 1   Sense & Sensibility      43           161  3405 0.04728341
## 2     Pride & Prejudice      34           111  2104 0.05275665
## 3       Mansfield Park      46           173  3685 0.04694708
## 4                Emma      15           151  3340 0.04520958
## 5     Northanger Abbey      21           149  2982 0.04996647
## 6           Persuasion       4            62  1807 0.03431101
```

이 장들은 각 도서에서 슬픔을 표현하는 단어들이 가장 많이 나오는 장으로, 각 장의 단어 수에 맞춰 정규화되어 있다. 이러한 장들에서 무엇이 일어나고 있는가? 『Sense and Sensibility』의 43장에서 마리안느는 너무나 아파서 죽을 지경이다. 그리고 『Pride and Prejudice』의 34장에서 다르 씨는 처음으로 청혼을 한다(아주 서툴게!). 『Mansfield Park』의 46장은 거의 끝날 무렵에서야 모든 사람들이 헨리의 추잡스러운 간통을 알게 된다. 『Emma』의 15장은 엘튼의 청혼에 놀라워할 때다. 『Northanger Abbey』의 21장에서 캐서린은 가짜 살인에 관해 괴기스럽고 음산한 환상에 깊이 빠져 있다. 『Persuasion』의 4장에서는 웬트워스 대위의 청혼을 거절한 앤에 대해, 앤이 얼마나 슬펐는지, 그리고 얼마나 끔찍한 실수가 될지를 깨닫게 되는 장면을 독자가 순간적으로 회상하게 된다.

요약

정서분석을 통해서 우리는 텍스트에 표현된 태도와 의견을 이해할 수 있다. 이번 장에서는 정돈 데이터 원리를 사용해 정서분석에 접근하는 방법을 모색했다. 텍스트 데이터가 정돈 데이터 구조로 되어 있을 때, 내부 조인을 통해 정서분석을 구현할 수 있다. 우리는 정서분석을 사용해 서사가 어떻게 변하는지 또는 특정 텍스트에 대해 정서적 및 의견적 내용이 포함된 단어가 얼마나 중요한지를 이해할 수 있다. 이 책의 뒷부분에 나오는 사례 연구에서도 우리는 다양한 텍스트에 정서분석을 적용하기 위한 도구 상자를 계속 개발할 것이다.

3

단어와 문서의 빈도 분석: tf-idf

텍스트 마이닝과 자연 언어 처리 분야에서는 문서가 무엇인지를 **정량화(quantify, 수량화)**하는 게 핵심 주제 중 하나다. 문서를 구성하는 단어들만 보고 정량화를 할 수 있을까? 한 단어의 중요성을 보여 주는 척도 중 한 가지는 **용어빈도(term frequency, tf)**인데, 이는 1장에서 살펴본 것처럼 문서에서 단어가 얼마나 자주 나오는가를 나타낸 것이다. 그러나 문서에 여러 번 나오기는 해도 중요치는 않은 단어들도 문서에 들어 있다. 영문이라면 이런 단어들로는 아마도 'the', 'is', 'of' 등을 들 수 있을 것이다. 우리는 이러한 단어를 불용어 목록에 담아 두었다가 그것을 기준으로 문서를 분석하기 전에 제거하는 방법을 택할 수도 있지만, 어떤 문서에서는 이러한 불용어들이 불용어가 아닌 다른 단어보다 중요할 수 있다. 불용어 목록은 일반적으로 사용되는 단어의 용어빈도를 조정하는 데 있어서 아주 정교한 방법이라고 볼 수는 없다.

또 다른 접근법은 흔히 사용하는 단어의 중요성은 낮추면서도 문서 모음집에서 많이 사용되지 않는 단어에 대해서는 오히려 중요성을 키운 용어의 **역문서빈도(inverse document frequency, idf)**[1]를 살펴보는 것이다. 이 역문서빈도를 용어빈도와 결합함으로써 용어의 **용어빈도-역문서빈도(tf-idf,** 두 수량을 서로 곱한 것)를 계산할 수 있는데, 빈도는 해당 용어가 얼마나 드물게 사용되는가에 따라 조정된다.

---

1 **옮긴이** '문서빈도'와 '역문서빈도'를 각기 '문헌빈도'와 '역문헌빈도'로도 부른다.

통계량인 tf-idf는 소설집에 포함된 소설이나 웹 사이트 모음집에 들어 있는 1개 웹 사이트와 같은 문서 모음집(즉, 말뭉치)에 속한 1개 문서에 대한 특정 단어의 중요도를 측정하기 위한 것이다.

통계량인 **tf-idf**는 주먹구구식으로 산정한 수량, 즉 **휴리스틱 수량**(heuristic quantity)이다. 텍스트 마이닝이나 검색 엔진 등에 유용하다는 점이 입증되었지만, 정보 이론 전문가들은 이 이론이 튼튼한 기초 위에 서 있다고 여기지 않는다. 어떤 용어가 있을 때, 그 용어에 대한 역문서 빈도는 다음과 같이 정의된다.

$$idf(용어) = \ln\left(\frac{n_{문서}}{n_{용어를\ 담고\ 있는\ 문서}}\right)$$

1장에서 설명한 것처럼 정돈 데이터 원리를 사용해 tf-idf 분석을 하게 되면, 모음집에 포함된 문서에 들어 있는 다양한 용어들이 각기 얼마나 중요한지를 수량화하는 일관되고 효과적인 도구를 사용할 수 있다.

제인 오스틴의 소설 속 용어빈도

먼저 제인 오스틴의 소설을 살펴보는 일부터 착수해 우선 용어빈도를 조사하고 그다음에는 **tf-idf**를 조사하자. group_by()와 join()과 같은 dplyr 동사를 사용하면 된다. 제인 오스틴의 소설에서 가장 일반적으로 사용되는 단어는 무엇인가? (나중에 각 소설의 총단어를 계산해 보자.)

```
library(dplyr)
library(janeaustenr)
library(tidytext)

book_words <- austen_books() %>%
  unnest_tokens(word, text) %>%
  count(book, word, sort = TRUE) %>%
  ungroup()

total_words <- book_words %>%
  group_by(book) %>%
  summarize(total = sum(n))
```

```
book_words <- left_join(book_words, total_words)

book_words

## # A tibble: 40,379 × 4
##                  book   word      n    total
##                 <fctr>  <chr>  <int>    <int>
## 1      Mansfield Park    the   6206   160460
## 2      Mansfield Park     to   5475   160460
## 3      Mansfield Park    and   5438   160460
## 4                Emma     to   5239   160996
## 5                Emma    the   5201   160996
## 6                Emma    and   4896   160996
## 7      Mansfield Park     of   4778   160460
## 8   Pride & Prejudice    the   4331   122204
## 9                Emma     of   4291   160996
## 10  Pride & Prejudice     to   4162   122204
## # ... with 40,369 more rows
```

book_words라는 데이터 프레임에서는 각 단어-도서(word-book) 조합이 각기 1개 행을 이룬다. 여기서 n은 도서에서 해당 단어가 사용된 횟수이고, total은 해당 도서에 나오는 모든 단어의 개수다. 여기에 늘 의심해 봐야 할 게 있는데 'the', 'and', 'to' 등이 그렇다. 그림 3-1에서 각 소설에 대한 n/total 분포를 보자. 이것은 소설에서 단어가 나타나는 횟수를 해당 소설의 총단어 수로 나눈 값이다. 이게 바로 용어빈도다.

```
library(ggplot2)

ggplot(book_words, aes(n/total, fill = book)) +
    geom_histogram(show.legend = FALSE) +
    xlim(NA, 0.0009) +
    facet_wrap(~book, ncol = 2, scales = "free_y")
```

이 소설들에는 매우 **긴 꼬리**(long tail, 아주 드물게 나타나는 단어들)[2]가 있는데, 이것들은 아직 여기 나오는 그림들에는 나타나지 않고 있다. 이러한 그림들은 모든 소설에 대해 비슷한 분포를 나타내며, 드물게 출현하는 단어 개수는 많은 반면에 자주 출현하는 단어 개수는 적다.

---

2   옮긴이 정보 통신 분야를 포함한 여타 분야에서 영어 발음 그대로 차용해 그냥 롱테일이라고 부르기도 하지만, 수학이나 통계 분야에서는 '긴꼬리'라고도 부른다.

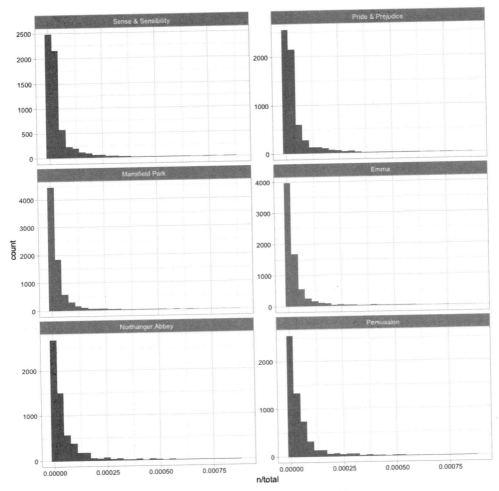

그림 3-1 제인 오스틴의 소설 속 용어빈도 분포

지프의 법칙

그림 3-1에 표시된 것과 같은 분포가 언어에는 전형적인 것이다. 사실 이러한 긴 꼬리 분포 유형들은 단어가 사용되는 빈도와 그 순위 사이의 관계를 연구하는 대상이 된, 자연어(예를 들면 도서나 웹 사이트에 나오는 많은 텍스트와 구어)와 같은 특정 언어의 말뭉치에서 아주 흔하다. 이 관계의 고전적 버전은 20세기 미국 언어학자인 조지 지프(George Zipf)의 이름을 따라 **지프의 법칙(Zipf's law)**이라고 부른다.

지프의 법칙에 따르면 단어가 나타나는 빈도(frequency)는 순위(rank)에 반비례한다고 한다.

우리에게 용어빈도를 그리는 데 사용한 데이터 프레임이 있으므로 몇 줄의 **dplyr** 함수로 제인 오스틴의 소설에 대한 지프의 법칙을 검토할 수 있다.

```
freq_by_rank <- book_words %>%
  group_by(book) %>%
  mutate(rank = row_number(),
         `term frequency` = n/total)

freq_by_rank

## Source: local data frame [40,379 x 6]
## Groups: book [6]
##                    book  word      n    total  rank `term frequency`
##                   <fctr> <chr>  <int>   <int> <int>            <dbl>
## 1      Mansfield Park     the   6206   160460     1       0.03867631
## 2      Mansfield Park      to   5475   160460     2       0.03412065
## 3      Mansfield Park     and   5438   160460     3       0.03389007
## 4               Emma      to   5239   160996     1       0.03254118
## 5               Emma     the   5201   160996     2       0.03230515
## 6               Emma     and   4896   160996     3       0.03041069
## 7      Mansfield Park      of   4778   160460     4       0.02977689
## 8  Pride & Prejudice     the   4331   122204     1       0.03544074
## 9               Emma      of   4291   160996     4       0.02665284
## 10 Pride & Prejudice      to   4162   122204     2       0.03405780
## # ... with 40,369 more rows
```

여기에 나오는 rank 열은 빈도표 내의 각 단어의 순위(rank)를 알려 준다. 표가 이미 n을 기준 으로 정렬되었으므로 우리는 row_number()를 사용해 순위를 찾을 수 있다. 그런 다음 이전 과 같은 방식으로 용어빈도를 계산할 수 있다. 지프의 법칙은 대개 x 축의 순위와 y 축의 용어 빈도를 로그 척도에 맞춰 그리는 식으로 시각화된다. 이런 식으로 그림을 그리면 반비례 관계 는 일정한 음의 기울기를 갖게 된다(그림 3-2).

```
freq_by_rank %>%
  ggplot(aes(rank, `term frequency`, color = book)) +
  geom_line(size = 1.1, alpha = 0.8, show.legend = FALSE) +
  scale_x_log10() +
  scale_y_log10()
```

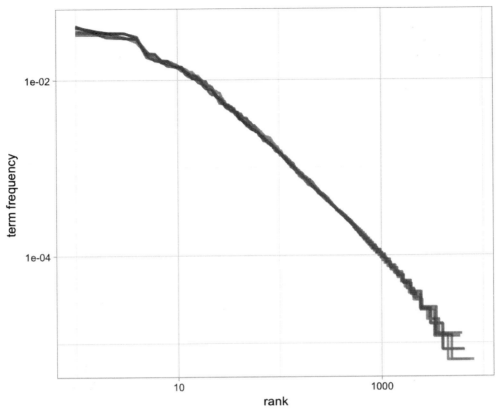

그림 3-2 제인 오스틴의 소설에 대한 지프의 법칙

그림 3-2는 로그-로그 좌표다. 제인 오스틴의 소설 여섯 개는 모두 서로 비슷하며, 순위와 빈도 간의 관계가 음의 기울기로 나타난다는 점을 알 수 있다. 그렇지만 아주 일정하지는 않다. 아마도 우리는 이것을 세 가지 부분으로 구성된, 깨진 멱법칙(https://en.wikipedia.org/wiki/Power_law **단축 URL** http://bit.ly/2RUDs6H)으로 볼 수 있다. 우선 멱법칙의 지수가 순위 범위의 중간 부분에 해당하는지 보자.

```
rank_subset <- freq_by_rank %>%
  filter(rank < 500,
         rank > 10)
lm(log10(`term frequency`) ~ log10(rank), data = rank_subset)³

##
```

3　term frequency의 앞뒤로 그냥 수직 홑따옴표(ʼ)를 넣으면 문자열 처리되어 오류가 발생한다. 그러므로 반드시 오른쪽으로 기울어진 홑따옴표(`)를 기입해야 한다. 입력하기 어렵다면 저자의 깃허브에 실려 있는 코드를 복사해서 쓰자.

```
## Call:
## lm(formula = log10(`term frequency`) ~ log10(rank), data = rank_subset)
##
## Coefficients:
## (Intercept)  log10(rank)
##     -0.6225      -1.1125
```

지프의 법칙 중 고전적인 형태에서는 **빈도 ∝ 1/순위** 꼴로 되어 있고, 우리는 실제로 -1에 가까운 기울기를 얻었다. 그림 3-3의 데이터를 사용해 이렇게 적합된 멱법칙을 그려 보면 어떻게 보이는지 보자.

```
freq_by_rank %>%
  ggplot(aes(rank, `term frequency`, color = book)) +
  geom_abline(intercept = -0.62, slope = -1.1, color = "gray50", linetype = 2) +
  geom_line(size = 1.1, alpha = 0.8, show.legend = FALSE) +
  scale_x_log10() +
  scale_y_log10()
```

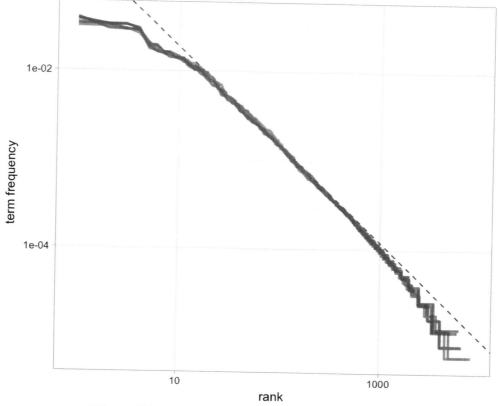

그림 3-3 제인 오스틴의 소설로 지프의 법칙에 대한 지수를 적합하게 함

우리는 제인 오스틴의 소설들로 구성한 말뭉치에서 고전적인 지프의 법칙에 근접한 결과를 발견했다. 여기서 **고계**(high rank, 고차원, 높은 순위)에 나타나는 편차는 다양한 언어에서 드문 일이 아니다. 언어의 말뭉치에는 종종 단일 멱법칙에 의해 예측된 것보다 드물게 나타나는 단어가 더 적게 들어 있다. 원시 순위(raw rank)의 편차는 더욱 드문 경우다. 제인 오스틴이 지은 소설들에서는 흔한 단어들의 백분율이 많은 언어 모음집보다 더 낮다. 이런 분석 유형을 확장해 작가를 비교하거나 다른 텍스트 모음을 비교할 수 있다. 그리고 이런 분석 유형을 간단히 정돈 데이터 원리를 사용하는 것만으로 구현할 수 있다.

bind_tf_idf 함수

tf-idf의 개념은 흔하게 사용되는 단어에 대한 가중치를 줄이는 한편으로 문서들의 **모음집**(collection), 즉 문서들의 **말뭉치**(corpus)에서 그리 많이 사용되지 않는 단어에 대한 가중치를 늘리는 방식으로 각 문서 내용에서 중요한 단어를 찾는 것이다(이 경우에는 제인 오스틴의 소설 모음집에서 찾는다). tf-idf를 계산하면 텍스트 내에서 중요하지만(즉, 공통으로 나타나는 단어지만) 그렇다고 해서 너무 흔하지도 않은 단어를 찾을 수 있다. 이제 tf-idf를 계산하자.

tidytext 패키지의 bind_tf_idf() 함수는 정돈 텍스트 데이터셋을 **1문서당 1토큰, 1토큰당 1행**으로 입력한다. 1개 열(여기서는 word)에는 용어들/토큰들이 들어 있고, 또 다른 1개 열에는 문서(이 경우에는 도서)가 들어 있으며, 마지막 열에는 필요한 개수, 즉 각 문서에 들어 있는 각 용어의 개수(이 예제에서는 n)가 들어 있다. 이전 절에서 탐색을 위해 각 도서의 **total**을 계산했지만 bind_tf_idf 함수에는 필요하지 않다. 테이블은 각 문서의 모든 단어만 포함하면 된다.

```
book_words <- book_words %>%
  bind_tf_idf(word, book, n)
book_words

## # A tibble: 40,379 × 7
##                book   word     n   total        tf   idf tf_idf
##               <fctr>  <chr> <int>   <int>     <dbl> <dbl>  <dbl>
## 1      Mansfield Park    the  6206  160460 0.03867631     0      0
## 2      Mansfield Park     to  5475  160460 0.03412065     0      0
## 3      Mansfield Park    and  5438  160460 0.03389007     0      0
## 4                Emma     to  5239  160996 0.03254118     0      0
## 5                Emma    the  5201  160996 0.03230515     0      0
## 6                Emma    and  4896  160996 0.03041069     0      0
## 7      Mansfield Park     of  4778  160460 0.02977689     0      0
```

```
## 8   Pride & Prejudice      the    4331   122204    0.03544074     0          0
## 9              Emma          of    4291   í60996    0.02665284     0          0
## 10  Pride & Prejudice        to    4162   122204    0.03405780     0          0
## # ... with 40,369 more rows
```

따라서 idf와 tf-idf는 이렇게 아주 흔한 단어에 대해서는 0이 된다는 점에 주목하라. 이 단어들은 제인 오스틴의 소설 여섯 권에 공통으로 나오는 단어이므로 idf 항(1의 자연 로그일 것이다)은 0이다. 모음집의 많은 문서에서 출현하는 단어인 경우에 역문서빈도(따라서 tf-idf)는 매우 낮아진다(거의 0에 가깝게 된다). 이게 흔하게 출현하는 단어의 가중치를 줄이는 방법이다. 모음집에 있는 문서 중 더 드물게 출현하는 단어의 역문서빈도가 크다.

제인 오스틴의 작품에서 tf-idf가 높은 용어를 살펴보자.

```
book_words %>%
  select(-total) %>%
  arrange(desc(tf_idf))

## # A tibble: 40,379 × 6
##                    book      word      n         tf        idf       tf_idf
##                   <fctr>    <chr>   <int>      <dbl>      <dbl>        <dbl>
## 1    Sense & Sensibility    elinor    623  0.005193528  1.791759  0.009305552
## 2    Sense & Sensibility  marianne    492  0.004101470  1.791759  0.007348847
## 3          Mansfield Park  crawford    493  0.003072417  1.791759  0.005505032
## 4       Pride & Prejudice     darcy    373  0.003052273  1.791759  0.005468939
## 5              Persuasion    elliot    254  0.003036207  1.791759  0.005440153
## 6                    Emma      emma    786  0.004882109  1.791759  0.005363545
## 7       Northanger Abbey    tilney    196  0.002519928  1.098612  0.005363545
## 8                    Emma    weston    389  0.002416209  1.791759  0.004515105
## 9       Pride & Prejudice    bennet    294  0.002405813  1.791759  0.004329266
## 10             Persuasion wentworth    191  0.002283132  1.791759  0.004310639
## # ... with 40,369 more rows                                     0.004090824
```

여기서 우리는 이 소설들에서 사실상 중요한 모든 고유 명사와 이름을 볼 수 있다. 해당 명사들 중 어느 것도 모든 소설에 나타나지는 않으며, 이러한 명사들이야말로 제인 오스틴의 소설 말뭉치를 이루는 각 텍스트에서 중요한 단어로서, 각 텍스트의 특성을 나타내는 단어인 셈이다.

 이 말뭉치에 속한 문서가 여섯 개이고 숫자로 된 값을 ln(6/1), ln(6/2) 등으로 계산해서 보기 때문에, 용어들이 서로 다를지라도 idf 값들 중 몇 가지는 서로 같을 수 있다.

그림 3-4에서 이러한 tf-idf 값이 큰 단어를 시각화해서 살펴보자.

```
book_words %>% arrange(desc(tf_idf)) %>%
  mutate(word = factor(word, levels = rev(unique(word)))) %>%
  group_by(book) %>%
  top_n(15) %>%
  ungroup %>%
  ggplot(aes(word, tf_idf, fill = book)) +
  geom_col(show.legend = FALSE) +
  labs(x = NULL, y = "tf-idf") +
  facet_wrap(~book, ncol = 2, scales = "free") +
  coord_flip()
```

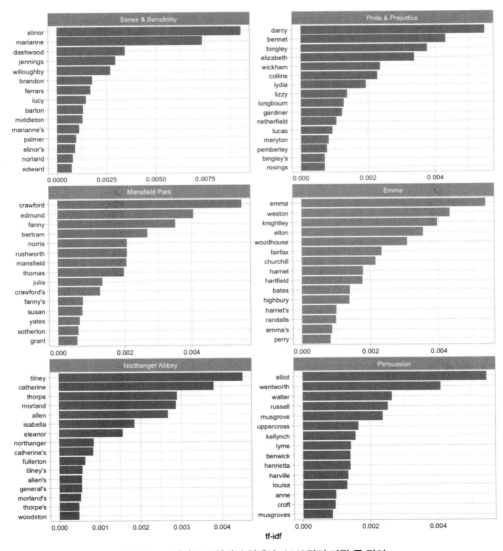

그림 3-4 제인 오스틴의 소설에서 tf-idf 값이 가장 큰 단어

그림 3-4를 보면 여전히 고유 명사가 모두 나온다! 이러한 단어들은 tf-idf에 의해 측정된 바와 같이 각 소설에서 가장 중요하며, 이 점을 대부분의 독자는 아마도 동의할 것이다. tf-idf를 측정함으로써 제인 오스틴의 소설 여섯 개에서 비슷한 언어를 사용했다는 점을 알 수 있고, 작품 모음집 중에서 특정 소설과 나머지 소설을 구별되게 하는 게 고유 명사, 즉 사람 이름과 장소 이름이라는 점을 알 수 있다. 이게 tf-idf의 핵심인데, 이것으로 문서 모음집 중에서 특정 문서를 추려 내는 데 핵심이 되는 단어를 알아낼 수 있다.

물리학 텍스트의 말뭉치

문서들로 구성한 그 밖의 말뭉치를 사용해 다른 저작물에서는 어떤 용어가 중요한지 확인하자. 다시 말하자면, 소설이나 서사만 다루지 말고 분야가 다른 책도 다뤄 보자는 말이다. 구텐베르크 프로젝트에서 고전 물리학 텍스트를 내려받고 tf-idf로 측정해 이 저작물들에서 중요한 용어가 무엇인지 확인해 보자. 갈릴레오 갈릴레이의 『Discourse on Floating Bodies』(담론에 관한 담화, http://www.gutenberg.org/ebooks/37729), 크리스찬 호이겐스의 『Treatise on Light』(빛에 관한 논문, http://www.gutenberg.org/ebooks/14725), 니콜라 테슬라의 『Experiments with Alternate Currents of High Potential and High Frequency』(고전위 고주파 교류에 관한 실험, http://www.gutenberg.org/ebooks/13476), 앨버트 아인슈타인의 『Relativity: Special and General Theory』(상대성: 특별하고 일반적인 이론, http://www.gutenberg.org/ebooks/5001)을 내려받으라.

이것은 꽤 다양하게 구성된 한 뭉치다. 이 도서들이 모두 고전 물리학에 해당하는지는 모르겠지만, 이 도서들은 300년이라는 시간에 걸쳐 쓰였고, 그중 일부는 처음에는 다른 언어로 먼저 작성된 다음에 영어로 번역되었다. 내려받은 파일 내용이 원본과 아주 똑같지는 않겠지만, 그렇다고 해서 재미난 연습을 멈출 필요는 없다.

```
library(gutenbergr)
physics <- gutenberg_download(c(37729, 14725, 13476, 5001),
                   meta_fields = "author")
```

이제 텍스트가 생겼으므로 각 텍스트에서 각 단어가 몇 번이나 사용되었는지 알아보기 위해 unnest_tokens() 및 count()를 사용하자.

```
physics_words <- physics %>%
  unnest_tokens(word, text) %>%
  count(author, word, sort = TRUE) %>%
  ungroup()

physics_words

## # A tibble: 12,592 × 3
##              author  word     n
##               <chr> <chr> <int>
## 1    Galilei, Galileo   the  3760
## 2      Tesla, Nikola   the  3604
## 3  Huygens, Christiaan   the  3553
## 4    Einstein, Albert   the  2994
## 5    Galilei, Galileo    of  2049
## 6    Einstein, Albert    of  2030
## 7      Tesla, Nikola    of  1737
## 8  Huygens, Christiaan    of  1708
## 9  Huygens, Christiaan    to  1207
## 10     Tesla, Nikola     a  1176
## # ... with 12,582 more rows
```

여기서 우리는 텍스트를 가공하지 않은 상태에서 각 단어를 센 횟수(출력 내용에서는 n이라는 이름으로 된 열에 해당)를 보고 있다. 우리는 이 문서들의 길이가 서로 다 다르다는 점을 기억해야한다. tf-idf를 계산한 다음, 그림 3-5에서 tf-idf가 큰 단어를 시각화해 보자.

```
plot_physics <- physics_words %>%
  bind_tf_idf(word, author, n) %>%
  arrange(desc(tf_idf)) %>%
  mutate(word = factor(word, levels = rev(unique(word)))) %>%
  mutate(author = factor(author, levels = c("Galilei, Galileo",
                                            "Huygens, Christiaan",
                                            "Tesla, Nikola",
                                            "Einstein, Albert")))
plot_physics %>%
  group_by(author) %>%
  top_n(15, tf_idf) %>%
  ungroup() %>%
  mutate(word = reorder(word, tf_idf)) %>%
  ggplot(aes(word, tf_idf, fill = author)) +
  geom_col(show.legend = FALSE) +
  labs(x = NULL, y = "tf-idf") +
  facet_wrap(~author, ncol = 2, scales = "free") +
  coord_flip()
```

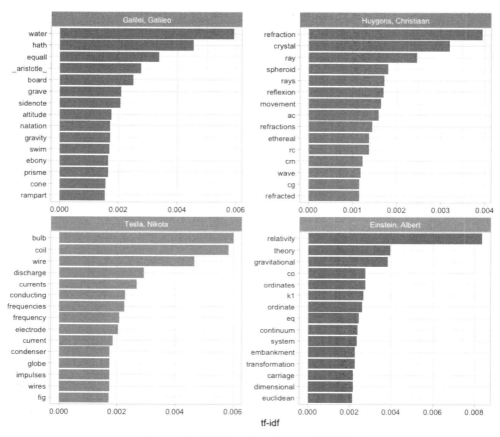

그림 3-5 각 물리 텍스트에서 tf-idf가 가장 큰 단어

아주 재미가 흘러넘친다. 우리가 여기에서 주목해야 할 한 가지는 아인슈타인 텍스트에 보이는 'eq'다!

```
library(stringr)

physics %>%
  filter(str_detect(text, "eq\\.")) %>%
  select(text)

## # A tibble: 55 × 1
##
##                                      text
##                                     <chr>
## 1                      eq. 1: file eq01.gif
## 2                      eq. 2: file eq02.gif
## 3                      eq. 3: file eq03.gif
## 4                      eq. 4: file eq04.gif
```

```
## 5                                           eq. 05a: file eq05a.gif
## 6                                           eq. 05b: file eq05b.gif
## 7                     the distance between the points being eq. 06 .
## 8  direction of its length with a velocity v is eq. 06 of a metre.
## 9                        velocity v=c we should have eq. 06a ,
## 10           the rod as judged from K1 would have been eq. 06 ;
## # ... with 45 more rows
```

텍스트를 정제하는 작업 중 일부는 순서대로 진행될 수 있다. 'K1'은 아인슈타인의 저작물에 나오는 좌표계 이름이다.

```
physics %>%
  filter(str_detect(text, "K1")) %>%
  select(text)

## # A tibble: 59 × 1
##                                                               text
##                                                              <chr>
## 1           to a second co-ordinate system K1 provided that the latter is
## 2           condition of uniform motion of translation. Relative to K1 the
## 3      tenet thus: If, relative to K, K1 is a uniformly moving co-ordinate
## 4     with respect to K1 according to exactly the same general laws as with
## 5     does not hold, then the Galileian co-ordinate systems K, K1, K2, etc.,
## 6      Relative to K1, the same event would be fixed in respect of space and
## 7      to K1, when the magnitudes x, y, z, t, of the same event with respect
## 8       of light (and of course for every ray) with respect to K and K1. For
## 9     reference-body K and for the reference-body K1. A light-signal is sent
## 10    immediately follows. If referred to the system K1, the propagation of
## # ... with 49 more rows
```

아마도 이것을 보존하는 게 합리적일 수 있다. 또한 1번 줄과 3번 줄과 5번 줄에 'co-ordinate' 가 들어 있는데, 이를 통해 아인슈타인 텍스트에서 tf-idf가 큰 단어로 'co'와 'ordinate' 항목이 분리되어 나오는지를 알 수 있다. unnest_tokens() 함수가 구두점을 구분하기 때문이다. 'co'와 'ordinate'의 tf-idf 점수가 거의 같다는 점에 유념하라.

'AB', 'RC' 등은 호이겐스의 경우에 광선, 원, 각 등의 이름이다.

```
physics %>%
  filter(str_detect(text, "AK")) %>%
  select(text)

## # A tibble: 34 × 1
##                                                                        text
##                                                                       <chr>
## 1    Now let us assume that the ray has come from A to C along AK, KC; the
## 2     be equal to the time along KMN. But the time along AK is longer than
## 3   that along AL: hence the time along AKN is longer than that along ABC.
## 4       And KC being longer than KN, the time along AKC will exceed, by as
## 5       line which is comprised between the perpendiculars AK, BL. Then it
## 6   ordinary refraction. Now it appears that AK and BL dip down toward the
## 7   side where the air is less easy to penetrate: for AK being longer than
## 8     than do AK, BL. And this suffices to show that the ray will continue
## 9       surface AB at the points AK_k_B. Then instead of the hemispherical
## 10 along AL, LB, and along AK, KB, are always represented by the line AH,
## # ... with 24 more rows
```

더 좋고 더 의미 있는 그림을 그릴 수 있게 그다지 의미가 있지 않은 단어를 제거해 보자. 사용자 정의 불용어 목록을 만들고 anti_join()을 사용해 의미가 약한 단어를 제거한다는 점에 주목하라. 이 방식은 여러 상황에서 사용할 수 있는 유연한 접근법이다. 정돈 데이터 프레임 (그림 3-6)에서 단어를 제거하고 있으므로 몇 가지 단계를 거슬러 올라가야 한다.

```
mystopwords <- data_frame(word = c("eq", "co", "rc", "ac", "ak", "bn",
                                   "fig", "file", "cg", "cb", "cm"))
physics_words <- anti_join(physics_words, mystopwords, by = "word")
plot_physics <- physics_words %>%
  bind_tf_idf(word, author, n) %>%
  arrange(desc(tf_idf)) %>%
  mutate(word = factor(word, levels = rev(unique(word)))) %>%
  group_by(author) %>%
  top_n(15, tf_idf) %>%
  ungroup %>%
  mutate(author = factor(author, levels = c("Galilei, Galileo",
                                            "Huygens, Christiaan",
                                            "Tesla, Nikola",
                                            "Einstein, Albert")))

ggplot(plot_physics, aes(word, tf_idf, fill = author)) +
  geom_col(show.legend = FALSE) +
  labs(x = NULL, y = "tf-idf") +
  facet_wrap(~author, ncol = 2, scales = "free") +
  coord_flip()
```

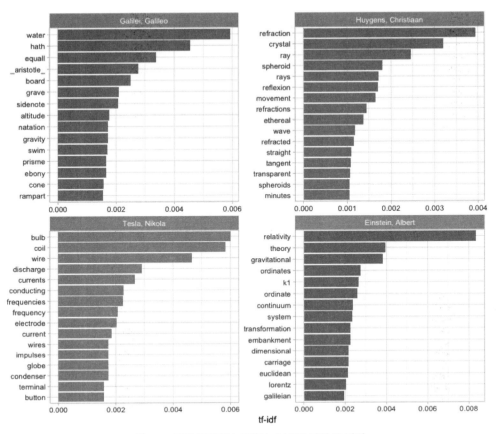

그림 3-6 고전 물리 텍스트에서 tf-idf가 가장 큰 단어

그림 3-6을 보고 결론을 내릴 수 있는 한 가지 사실은 오늘날의 물리학에서는 rampart나 ethereal인 것[4]에 관해서는 충분히 듣지 못한다는 점이다.

---

4 [옮긴이] 고전 물리학에서 빛의 매질이라고 여겼던 에테르적인 것. 현대 물리학에서는 에테르가 존재하지 않는다고 본다.

요약

용어빈도 및 역문서빈도를 사용하면 문서가 소설인지 물리 텍스트인지 또는 웹 페이지인지 여부와 관계없이 특정 문서 모음집에 들어 있는 특정 문서에서 단어를 찾을 수 있다. 용어 빈도 그 자체를 탐구하면 자연 언어 모음집에서 언어가 사용되는 방식을 통찰할 수 있는데, count() 및 rank()와 같은 dplyr 동사는 용어빈도를 추론할 수 있는 도구를 제공한다.

tidytext 패키지는 정돈 데이터 원리에 부합하는 tf-idf 구현을 사용하는데, 이로써 우리는 문서 모음집, 즉 말뭉치에서 서로 다른 단어가 얼마나 중요한지를 확인할 수 있다.

4

단어 간 관계: 엔그램과 상관

지금까지는 단어를 개별 단위로 간주하고 정서에 대한 관계나 문서에 대한 관계를 고려했다. 그러나 많은 흥미로운 텍스트 분석은 어떤 단어가 다른 단어에 이어서 바로 나오는 경향이 있는지나 같은 문서 내에서 동시에 출현하는지에 관계없이 단어 간의 관계에 기반을 두고 행해진다.

이번 장에서는 텍스트 데이터셋 내 단어 간의 관계를 계산하고 시각화하기 위해 tidytext가 제공하는 몇 가지 방법을 살펴보자. 여기에는 개별 단어보다는 인접 단어 쌍에 의해 토큰화하는 token = "ngrams" 인수가 포함된다. 또한 두 가지 새로운 패키지를 소개한다. ggraph(https://github.com/thomasp85/ggraph 단축 URL http://bit.ly/2W363WI)는 토마스 페더슨(Thomas Pedersen)이 개발한 것으로 ggplot2를 확장해 연결망(network) 그림을 그릴 수 있게 하고, widyr(https://github.com/dgrtwo/widyr 단축 URL http://bit.ly/2FzTahV)는 정돈 데이터 프레임 내에서 쌍방향 상관과 거리를 계산한다. 이것들은 모두 정돈 데이터 프레임워크 내에서 텍스트를 탐색할 수 있는 도구 상자를 확장하는 역할을 한다.

엔그램에 의한 토큰화

우리는 단어별로 토큰화를 한다거나 문장별로 토큰화를 하기 위해 unnest_tokens() 함수를 사용해 왔는데, 이 함수는 우리가 지금까지 해 왔던 정서분석이나 빈도분석에도 유용하다. 게다가 이 함수를 사용해 **엔그램(n-grams)**이라고 하는 연속적인 단어 시퀀스로 토큰화할 수도 있다. 단어 X에 단어 Y가 얼마나 자주 이어서 나오는지를 봄으로써 이 단어들 사이의 관계 모델을 구축할 수 있다. 우리는 unnest_tokens()에 token = "ngrams" 옵션을 추가하고, 각 엔그램에서 파악하려는 단어의 수를 n으로 설정해 이 작업을 수행한다. n을 2로 설정하면 종종 **바이그램(bigrams)**이라고 부르기도 하는 두 개의 연속 단어 쌍을 검사한다.

```
library(dplyr)
library(tidytext)
library(janeaustenr)

austen_bigrams <- austen_books() %>%
  unnest_tokens(bigram, text, token = "ngrams", n = 2)

austen_bigrams

## # A tibble: 725,048 × 2
##                   book          bigram
##                 <fctr>           <chr>
## 1  Sense & Sensibility       sense and
## 2  Sense & Sensibility   and sensibility
## 3  Sense & Sensibility    sensibility by
## 4  Sense & Sensibility         by jane
## 5  Sense & Sensibility     jane austen
## 6  Sense & Sensibility     austen 1811
## 7  Sense & Sensibility    1811 chapter
## 8  Sense & Sensibility       chapter 1
## 9  Sense & Sensibility           1 the
## 10 Sense & Sensibility      the family
## # ... with 725,038 more rows
```

이 데이터 구조는 여전히 정돈 텍스트 형식의 변형이다. (book과 같은 여분의 메타데이터가 있는 상태로) **1행당 1토큰**으로 구성되어 있지만, 각 토큰은 이제 바이그램을 나타낸다.

이러한 바이그램들끼리 서로 겹친 부분이 있다는 점에 유념하자. 예를 들어 'sense and'는 하나의 토큰이고 'and sensibility'는 또 다른 토큰이지만, 이 두 바이그램에서는 and라는 단어가 서로 겹쳐져 있다.

엔그램 개수 세기와 선별하기

우리의 일상적인 정돈 도구는 엔그램 분석에도 똑같이 적용된다. 우리는 dplyr의 count()를 사용해 가장 흔한 바이그램을 검사할 수 있다.

```
austen_bigrams %>%
  count(bigram, sort = TRUE)

## # A tibble: 211,237 × 2
##       bigram     n
##        <chr> <int>
## 1     of the  3017
## 2      to be  2787
## 3     in the  2368
## 4     it was  1781
## 5       i am  1545
## 6    she had  1472
## 7     of her  1445
## 8     to the  1387
## 9    she was  1377
## 10  had been  1299
## # ... with 211,227 more rows
```

예상하겠지만, 가장 많은 바이그램이 흔해 빠진(그래서 관심을 두지 않게 되는) 단어 쌍으로 이루어져 있는데, 'of the'와 'to be'가 그러한 예로, 우리는 이런 것들을 '불용어(1장 참조)'라고 부른다. 이럴 때 tidyr의 separate()를 사용하면 좋은 게 구분 기호에 따라 1개 열을 여러 열로 분해하는 역할을 하기 때문이다. 다음과 같이 하면 'word1'과 'word2'라는 두 개의 열로 구분할 수 있는데, 이렇게 함으로써 둘 중 하나가 불용어인 경우에 제거할 수 있다.

```
library(tidyr)

bigrams_separated <- austen_bigrams %>%
  separate(bigram, c("word1", "word2"), sep = " ")

bigrams_filtered <- bigrams_separated %>%
  filter(!word1 %in% stop_words$word) %>%
  filter(!word2 %in% stop_words$word)

# 새 바이그램 카운트:
bigram_counts <- bigrams_filtered %>%
    count(word1, word2, sort = TRUE)

bigram_counts
```

```
## Source: local data frame [33,421 x 3]
## Groups: word1 [6,711]
##
##       word1      word2     n
##       <chr>      <chr> <int>
## 1       sir     thomas   287
## 2      miss   crawford   215
## 3   captain  wentworth   170
## 4      miss  woodhouse   162
## 5     frank  churchill   132
## 6      lady    russell   118
## 7      lady    bertram   114
## 8       sir     walter   113
## 9      miss    fairfax   109
## 10  colonel    brandon   108
## # ... with 33,411 more rows
```

우리는 제인 오스틴 서적에서 이러한 이름들(이름과 성 또는 경칭을 포함하는 이름들)이 가장 흔한 쌍이라는 것을 알 수 있다.

또 다른 분석 작업을 할 때에는 오히려 단어들을 다시 결합한 다음에 작업하기를 원할 수 있다. tidyr의 unite() 함수는 separate()의 역함수로서 여러 열을 하나로 재결합한다. 이런 식으로 우리는 seperate(), filter(), count(), unite() 함수를 사용함으로써 불용어가 없는 가장 흔한 바이그램을 찾아낼 수 있다.

```
bigrams_united <- bigrams_filtered %>%
  unite(bigram, word1, word2, sep = " ")

bigrams_united

## # A tibble: 44,784 × 2
##                  book                 bigram
## *               <fctr>                 <chr>
## 1  Sense & Sensibility           jane austen
## 2  Sense & Sensibility           austen 1811
## 3  Sense & Sensibility          1811 chapter
## 4  Sense & Sensibility             chapter 1
## 5  Sense & Sensibility          norland park
## 6  Sense & Sensibility surrounding acquaintance
## 7  Sense & Sensibility            late owner
## 8  Sense & Sensibility          advanced age
## 9  Sense & Sensibility     constant companion
## 10 Sense & Sensibility          happened ten
## # ... with 44,774 more rows
```

어떤 분석 업무를 할 때에는 가장 흔한 **트라이그램(trigram)**에 관심이 있을 수 있는데, 트라이그램이란 서로 이어져 있는 세 단어를 말한다. 우리는 n = 3으로 설정해 이것을 찾을 수 있다.

```
austen_books() %>%
  unnest_tokens(trigram, text, token = "ngrams", n = 3) %>%
  separate(trigram, c("word1", "word2", "word3"), sep = " ") %>%
  filter(!word1 %in% stop_words$word,
         !word2 %in% stop_words$word,
         !word3 %in% stop_words$word) %>%
  count(word1, word2, word3, sort = TRUE)

## Source: local data frame [8,757 x 4]
## Groups: word1, word2 [7,462]
##
##         word1     word2     word3     n
##         <chr>     <chr>     <chr> <int>
## 1        dear      miss woodhouse    23
## 2        miss        de    bourgh    18
## 3        lady  catherine        de    14
## 4   catherine        de    bourgh    13
## 5        poor      miss    taylor    11
## 6         sir    walter    elliot    11
## 7         ten  thousand    pounds    11
## 8        dear       sir    thomas    10
## 9      twenty  thousand    pounds     8
## 10    replied      miss  crawford     7
## # ... with 8,747 more rows
```

바이그램 분석

이 **1행당 1바이그램** 형식은 텍스트의 탐색적 분석에 도움이 된다. 간단한 예로 우리가 각 도서에 기재되어 있으면서도 가장 흔하게 출현하는 'street'라는 것에 관심을 두게 될 수도 있다.

```
bigrams_filtered %>%
  filter(word2 == "street") %>%
  count(book, word1, sort = TRUE)

## Source: local data frame [34 x 3]
## Groups: book [6]
##
##                   book    word1     n
##                 <fctr>    <chr> <int>
## 1   Sense & Sensibility berkeley    16
## 2   Sense & Sensibility   harley    16
```

```
## 3      Northanger Abbey     pulteney    14
## 4      Northanger Abbey      milsom     11
## 5       Mansfield Park      wimpole     10
## 6     Pride & Prejudice   gracechurch    9
## 7    Sense & Sensibility     conduit     6
## 8    Sense & Sensibility      bond       5
## 9          Persuasion       milsom      5
## 10         Persuasion       rivers      4
## # ... with 24 more rows
```

바이그램은 또한 우리가 개별 단어를 다룰 때와 같은 방식으로 문서상의 한 가지 용어로 취급될 수도 있다. 예를 들어 우리는 오스틴 소설에서 바이그램의 **tf-idf**(3장 참조)를 알 수 있다. 단어별 **tf-idf** 값과 마찬가지로 각 도서에 나오는 바이그램의 **tf-idf** 값도 시각화할 수 있다(그림 4-1).

```
bigram_tf_idf <- bigrams_united %>%
  count(book, bigram) %>%
  bind_tf_idf(bigram, book, n) %>%
  arrange(desc(tf_idf))

bigram_tf_idf

## Source: local data frame [36,217 x 6]
## Groups: book [6]
##                    book            bigram      n          tf        idf      tf_idf
##                   <fctr>             <chr>  <int>       <dbl>      <dbl>       <dbl>
## 1           Persuasion captain wentworth    170  0.02985599   1.791759  0.05349475
## 2       Mansfield Park         sir thomas    287  0.02873160   1.791759  0.05148012
## 3       Mansfield Park      miss crawford    215  0.02152368   1.791759  0.03856525
## 4           Persuasion       lady russell    118  0.02072357   1.791759  0.03713165
## 5           Persuasion         sir walter    113  0.01984545   1.791759  0.03555828
## 6                 Emma     miss woodhouse    162  0.01700966   1.791759  0.03047722
## 7      Northanger Abbey       miss tilney     82  0.01594400   1.791759  0.02856782
## 8    Sense & Sensibility   colonel brandon   108  0.01502086   1.791759  0.02691377
## 9                 Emma     frank churchill   132  0.01385972   1.791759  0.02483329
## 10     Pride & Prejudice    lady catherine   100  0.01380453   1.791759  0.02473439
##
## # ... with 36,207 more rows
```

우리가 3장에서 알게 된 것처럼 오스틴의 각 도서들을 서로 구별되게 하는 단위는 전적으로 독특한 이름들이었다. 우리는 또한 『Pride and Prejudice』의 'replied elizabeth'나 『Emma』의 'cried emma'와 같이 흔한 동사와 이름이 쌍으로 된 것들도 발견한다.

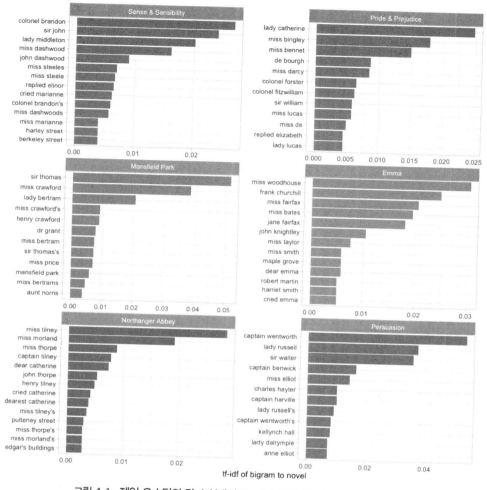

그림 4-1 제인 오스틴의 각 소설에서 tf-idf가 가장 큰 열두 개 바이그램

개별 단어가 아닌 바이그램의 **tf-idf**를 검토하는 데는 장단점이 있다. 일련의 연속된 단어 쌍은 한 단어만 셀 때 존재하지 않는 구조를 파악할 수 있게 하며 토큰을 더 이해할 수 있게 하는 문맥을 제공할 수 있다(예를 들면 『Northanger Abbey』에 나오는 'pulteney street'는 'pulteney'보다 유용하다). 그러나 각 바이그램의 개수 또한 **희소(sparse)**하다. 전형적인 두 단어 쌍은 이 쌍을 구성하는 각 단어보다 더 드물게 나오기 때문이다. 따라서 바이그램은 매우 큰 텍스트 데이터셋을 가지고 있을 때 더욱 유용할 수 있다.

정서분석 시 바이그램을 사용해 문맥 제공하기

2장에 나오는 정서분석 접근법에서는 단순히 참조용 용어집에 맞춰 긍정 단어나 부정 단어의 출현을 계산했다. 이 접근법의 문제점 중 하나는 단어의 맥락이 단어의 존재 여부만큼이나 중요할 수 있다는 것이다. 예를 들어 'happy'와 'like'라는 단어는 'I'm not **happy** and I don't **like** it!'(기쁘지도 않고 좋지도 않아!)'과 같은 문장에서조차도 긍정 단어로 세어질 수 있다.

그런데 다행히도 이제 우리는 데이터를 바이그램으로 구성했으므로 단어 앞에 'not'과 같은 단어가 얼마나 자주 나오는지를 쉽게 알 수 있다.

```
bigrams_separated %>%
  filter(word1 == "not") %>%
  count(word1, word2, sort = TRUE)

## Source: local data frame [1,246 x 3]
## Groups: word1 [1]
##     word1 word2       n
##     <chr> <chr>   <int>
## 1     not    be     610
## 2     not    to     355
## 3     not  have     327
## 4     not  know     252
## 5     not     a     189
## 6     not think     176
## 7     not  been     160
## 8     not   the     147
## 9     not    at     129
## 10    not    in     118
##
## # ... with 1,236 more rows
```

바이그램 데이터에 대한 정서분석을 수행함으로써 우리는 정서와 연관된 단어 앞에 'not' 또는 그 밖의 부정 단어가 얼마나 자주 나오는지 조사할 수 있다. 이와 같이 긍정 단어 앞에 나오는 부정 단어를 조사함으로써 긍정 단어가 정서 점수에 기여한 바를 무시하거나, 아예 점수를 되돌리는 데 이용할 수 있다.

AFINN 용어집을 사용해 정서분석을 해 볼 텐데, 이렇게 하면 각 단어에 대한 정서 점수를 숫자로 부여할 수 있으므로, 음수나 양수로 정서의 방향성을 알 수 있을 것이다.

```
AFINN <- get_sentiments("afinn")

AFINN

## # A tibble: 2,476 × 2
##          word score
##         <chr> <int>
## 1     abandon    -2
## 2   abandoned    -2
## 3    abandons    -2
## 4    abducted    -2
## 5   abduction    -2
## 6  abductions    -2
## 7       abhor    -3
## 8    abhorred    -3
## 9   abhorrent    -3
## 10     abhors    -3
## # ... with 2,466 more rows
```

이제 우리는 'not'이 앞서 나오면서도 정서와 관련이 있는, 가장 빈출하는 단어를 찾아낼 수 있다.

```
not_words <- bigrams_separated %>%
  filter(word1 == "not") %>%
  inner_join(AFINN, by = c(word2 = "word")) %>%
  count(word2, score, sort = TRUE) %>%
  ungroup()

not_words

## # A tibble: 245 × 3
##      word2 score     n
##      <chr> <int> <int>
## 1     like     2    99
## 2     help     2    82
## 3     want     1    45
## 4     wish     1    39
## 5    allow     1    36
## 6     care     2    23
## 7    sorry    -1    21
## 8    leave    -1    18
## 9  pretend    -1    18
## 10   worth     2    17
## # ... with 235 more rows
```

예를 들어 'not'이 앞에 있으면서 정서와 연관된 가장 흔한 단어는 +2점을 부여받은 'like'이다.

어느 단어가 '잘못된' 방향으로 가장 많이 기여했는지 따져 보는 편이 바람직하다. 이를 계산하기 위해 출현 횟수에 점수를 곱할 수 있다(점수가 +3인 단어가 10회 출현하면 정서 점수가 30회 출현하는 단어만큼 큰 영향을 준다). 결과를 막대 그래프로 시각화한다(그림 4-2).

```
not_words %>%
  mutate(contribution = n * score) %>%
  arrange(desc(abs(contribution))) %>%
  head(20) %>%
  mutate(word2 = reorder(word2, contribution)) %>%
  ggplot(aes(word2, n * score, fill = n * score > 0)) +
  geom_col(show.legend = FALSE) +
  xlab("Words preceded by \"not\"") +
  ylab("Sentiment score * number of occurrences") +
  coord_flip()
```

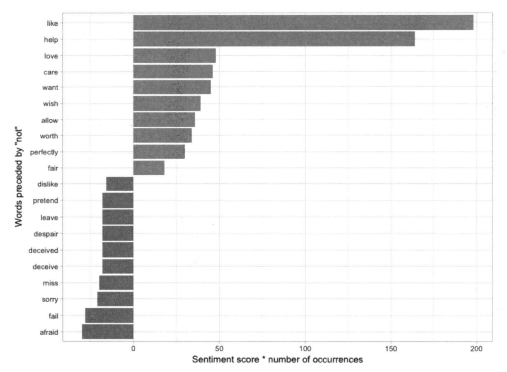

그림 4-2 'not'이 앞서서 나오는 단어들 중에서 긍정적인 방향으로든 부정적인 방향으로든 정서 점수에 가장 큰 영향을 끼친 20개 단어

'not like'와 'not help'라는 바이그램은 오인하는 데 가장 큰 원인을 제공했으며, 텍스트가 원래보다 훨씬 긍정적인 것으로 보이게 했다. 그러나 'not afraid'와 'not fail'과 같은 구절은 때로는 텍스트가 원래보다 훨씬 더 부정적이게 보이게 했다는 점을 알 수 있다.

'not'이라는 용어만이 다음 단어에 대한 몇 가지 맥락을 제공하는 건 아니다. 우리는 후속 용어를 부정하는 네 가지 흔한 단어(또는 그 이상)를 골라낼 수 있으며, 동일한 **조인**(joining, 결합/연결) 및 **카운트**(counting, 세기/셈) 접근법을 사용해 한꺼번에 모두 검토할 수 있다.

```
negation_words <- c("not", "no", "never", "without")

negated_words <- bigrams_separated %>%
  filter(word1 %in% negation_words) %>%
  inner_join(AFINN, by = c(word2 = "word")) %>%
  count(word1, word2, score, sort = TRUE) %>%
  ungroup()
```

그런 후에 우리는 특정 부정어 뒤에 나오는 가장 흔한 단어가 무엇인지를 시각화할 수 있다 (그림 4-3). 'not like'와 'not help'가 여전히 가장 보편적인 두 가지 예이지만, 'no great'와 'never loved'와 같은 쌍도 있다. 우리는 이와 같은 점을 고려해, 2장에 나오는 접근법과 결합해 **부정어**(negation)에 따라 나오는 각 단어의 AFINN 점수를 역전시킬 수 있다. 지금까지 설명한 사례들은 연속적인 단어를 찾는 일이 텍스트 마이닝 메서드들에 어떻게 맥락을 줄 수 있는지를 보여 주는 몇 가지 사례에 불과하다.

ggraph를 사용해 바이그램 연결망 시각화화기

한 번에 상위에 속하는 소수의 단어만이 아니라 단어 사이의 모든 관계를 동시에 시각화하는 데 관심이 있을 수 있다. 흔한 시각화 방법 중 한 가지로 단어를 **연결망**(network), 즉 '그래프' 로 정렬하는 방식을 들 수 있다. 여기서 우리는 시각화의 관점이 아닌 연결된 **정점**(nodes)의 조합으로서 그래프를 참조할 것이다. 그래프에 세 가지 변수가 있으므로 **정돈 객체**(tidy object)로 구성될 수 있다.

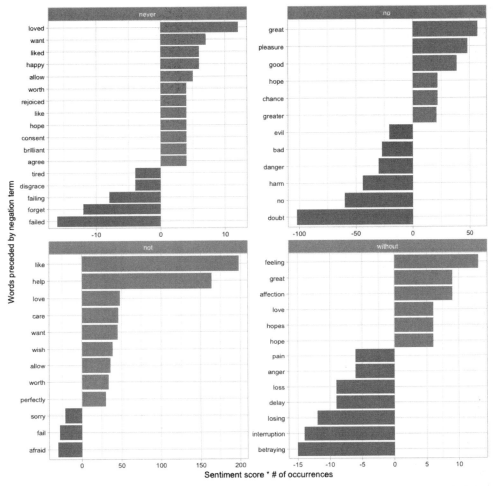

그림 4-3 'never', 'no', 'not', 'without'과 같은 부정어를 따라 나오는 가장 흔한 긍정 단어 또는 부정 단어

from
    연결선이 나가는 정점

to
    연결선이 향하는 정점

weight
    각 연결선과 연관된 숫자 값

igraph(http://igraph.org/) 패키지에는 연결망을 다루고 분석하는 일에 뛰어난 기능을 발휘하는 함수들이 많이 들어 있다. 정돈 데이터에서 igraph 객체를 생성하는 한 가지 방법은 graph_from_data_frame() 함수를 사용하는 것인데, 이 함수는 'from', 'to' 및 **연결선(edge)** 속성 (이 경우 n)에 대한 열이 있는 연결선들의 데이터 프레임을 사용한다.

```
library(igraph)

# 원래 카운트
bigram_counts

## Source: local data frame [33,421 x 3]
## Groups: word1 [6,711]
##
##       word1     word2      n
##       <chr>     <chr>  <int>
## 1       sir    thomas    287
## 2      miss  crawford    215
## 3   captain wentworth    170
## 4      miss woodhouse    162
## 5     frank churchill    132
## 6      lady   russell    118
## 7      lady   bertram    114
## 8       sir    walter    113
## 9      miss   fairfax    109
## 10  colonel   brandon    108
## # ... with 33,411 more rows

# 상대적으로 흔한 조합만을 선별하는 필터
bigram_graph <- bigram_counts %>%
  filter(n > 20) %>%
  graph_from_data_frame()

bigram_graph

## IGRAPH DN-- 91 77 --
## + attr: name (v/c), n (e/n)
## + edges (vertex names):
##  [1] sir      ->thomas     miss     ->crawford   captain ->wentworth
##  [4] miss     ->woodhouse  frank    ->churchill   lady    ->russell
##  [7] lady     ->bertram    sir      ->walter      miss    ->fairfax
## [10] colonel  ->brandon    miss     ->bates       lady    ->catherine
## [13] sir      ->john       jane     ->fairfax     miss    ->tilney
## [16] lady     ->middleton  miss     ->bingley     thousand->pounds
## [19] miss     ->dashwood   miss     ->bennet      john    ->knightley
## [22] miss     ->morland    captain  ->benwick     dear    ->mis
## + ... omitted several edges
```

igraph에도 그림을 그려 내는 함수가 내장되어 있기는 하지만 원래 패키지를 그런 용도로 설계한 게 아니기 때문에, 그 밖의 많은 패키지에서 그래프 객체를 시각화하는 메서드들을 제공한다. 우리는 ggraph 패키지(Pedersen 2017)를 추천한다. 이는 이 패키지가 이러한 시각화를 그래픽 문법(grammer of graphics)이라는 관점에서 구현하기 때문이다. 덧붙여서 말하자면, ggplot2를 사용해 보았다면 그래픽 문법이라고 하는 것에 익숙할 것이다.

igraph 객체를 ggraph() 함수를 사용해 ggraph 객체로 변환한 다음에, 마치 ggplot2에서 레이어를 추가하듯이, ggraph에 레이어를 추가할 수 있다. 예를 들어 기본적인 그래프일지라도 우리는 다음에 나오는 코드에 보이듯이 정점 레이어(코드에서는 geom_edge_link), 연결선 레이어(코드에서는 geom_node_point), 텍스트 레이어(코드에서는 geom_node_text)를 덧붙여야 한다(그림 4-4).

```
library(ggraph)
set.seed(2017)

ggraph(bigram_graph, layout = "fr") +
    geom_edge_link() +
    geom_node_point() +
    geom_node_text(aes(label = name), vjust = 1, hjust = 1)
```

그림 4-4에서 우리는 텍스트 구조의 일부 세부 사항을 시각화할 수 있다. 예를 들어 'miss', 'lady', 'sir' 및 'colonel'과 같은 경칭은 흔히 경칭 뒤에 나오는 명칭을 상징하는 정점의 **공통 중심**을 형성한다는 것을 알 수 있다. 또한 그래프의 바깥쪽에서는 짧은 구절('half hour', 'thousand pounds', 'short time pause')을 이루고 있는 단어 **쌍(pairs)** 또는 **삼중항(triplets)**[1]을 볼 수 있다.

몇 가지 마무리 작업을 통해 그래프를 더 말끔하게 한 다음에 결론을 내려 보자(그림 4-5).

---

1   [옮긴이] 물리학 용어를 차용했다.

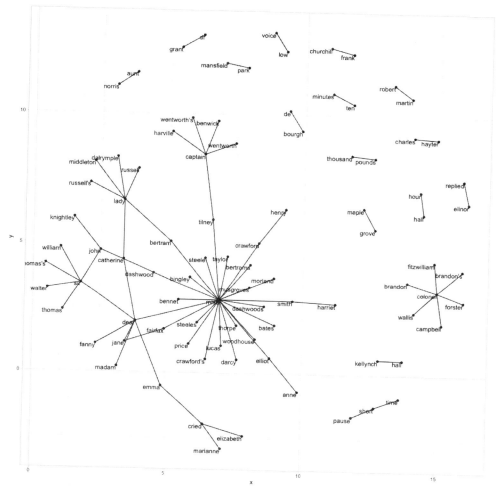

그림 4-4 「Pride and Prejudice」에 속한 바이그램들 중에서 20회 이상 출현할 만큼 흔한 단어를 보여 주는데, 여기에 나오는 각 단어는 불용어가 아니다.

- 링크 레이어에 edge_alpha라는 **감성 요소(aesthetic)[2]**를 추가해 바이그램이 얼마나 흔하고 희귀한지에 따라 링크를 투명하게 만든다.
- 우리는 grid::arrow()을 사용해 구성한 화살표로 방향성을 추가하며, 화살표가 정점에 닿기 전에 끝나게 하는 end_cap 옵션을 포함했다.

---

2 옮긴이 aesthetic은 '미학' 또는 '감성'이라는 뜻을 지니고 있으나, ggraph 패키지에서 사용하는 용어의 용도로 보아 '감성 요소'라는 말이 가장 적합하다. 코드에 보면 aes()로 표현되는 부분이 그와 같은 요소에 해당한다. 즉, 그래프를 예쁘게 꾸미는 데 사용하는 요소라는 말이다.

- 우리는 정점을 더 매력적으로 만들기 위해 정점 레이어에 대한 옵션을 생각해 본다.
- 우리는 연결망을 그리는 데 유용한 테마인 theme_void()를 추가한다.

```
set.seed(2016)

a <- grid::arrow(type = "closed", length = unit(.15, "inches"))

ggraph(bigram_graph, layout = "fr") +
  geom_edge_link(aes(edge_alpha = n), show.legend = FALSE,
               arrow = a, end_cap = circle(.07, 'inches')) +
  geom_node_point(color = "lightblue", size = 5) +
  geom_node_text(aes(label = name), vjust = 1, hjust = 1) +
  theme_void()
```

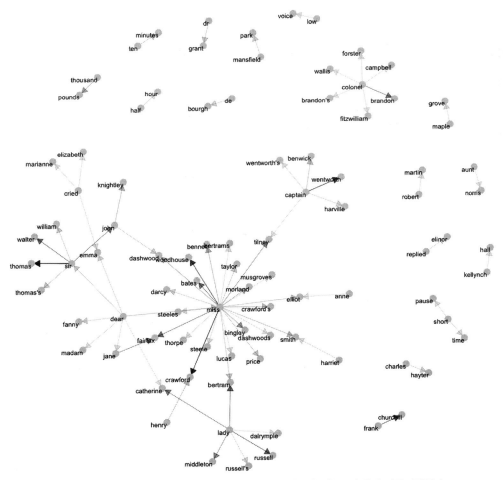

그림 4-5 「Pride and Prejudice」에 자주 나오는 바이그램들을 보기 좋게 마무리하였다.

ggraph를 가지고 약간의 실험을 해 봄으로써 연결망을 이와 같이 표현 가능한 형식으로 만들 수 있었는데, 연결망 구조는 관계형 정돈 데이터를 시각화하는 유용하고 융통성 있는 방법이다.

이것은 흔한 텍스트 처리 모델인 마르코프 연쇄의 시각화라는 점에 유념하라. 마르코프 연쇄에서 단어의 각 선택은 이전 단어에만 의존한다. 이 경우, 이 모델을 따르는 무작위 생성기는 각 단어를 따라오는 가장 흔한 단어를 따라가면서 'dear', 그다음은 'sir', 그다음은 'william/walter/thomas/thomas's'의 순으로 나올 수 있다. 시각화를 해석하기 쉽게 가장 흔한 단어-단어 연결만 표시하도록 선택했지만, 우리는 텍스트에서 발생하는 모든 연결을 나타내는 거대한 그래프도 생각해 볼 수 있을 것이다.

그 밖의 텍스트에 들어 있는 바이그램 시각화하기

우리는 지금까지 한 가지 텍스트 데이터셋에서 바이그램을 정제하고 시각화하는 데 많은 노력을 기울여 왔는데, 이제는 그 밖의 텍스트 데이터셋을 대상으로 삼아서도 이와 같은 일을 쉽게 할 수 있게, 함수 안에 그와 같은 처리 과정을 넣어 두자.

count_bigrams() 및 visualize_bigrams() 함수를 여러분이 쉽게 사용해 볼 수 있도록, 우리는 해당 함수들에 필요한 패키지들을 다시 로드(load, 적재)했다.

```
library(dplyr)
library(tidyr)
library(tidytext)
library(ggplot2)
library(igraph)
library(ggraph)

count_bigrams <- function(dataset) {
dataset %>%
  unnest_tokens(bigram, text, token = "ngrams", n = 2) %>%
  separate(bigram, c("word1", "word2"), sep = " ") %>%
  filter(!word1 %in% stop_words$word,
         !word2 %in% stop_words$word) %>%
  count(word1, word2, sort = TRUE)
}

visualize_bigrams <- function(bigrams) {
  set.seed(2016)
```

```
  a <- grid::arrow(type = "closed", length = unit(.15, "inches"))

  bigrams %>%
    graph_from_data_frame() %>%
    ggraph(layout = "fr") +
    geom_edge_link(aes(edge_alpha = n), show.legend = FALSE, arrow = a) +
    geom_node_point(color = "lightblue", size = 5) +
    geom_node_text(aes(label = name), vjust = 1, hjust = 1) +
    theme_void()
}
```

이 시점에서 우리는 흠정역 성경(그림 4-6)과 같은, 그 밖의 저작물에서도 바이그램을 시각화
할 수 있었다.

```
# 성경의 흠정역(King James version)은 구텐베르크 프로젝트의 10번 책이다.
library(gutenbergr)
kjv <- gutenberg_download(10)

library(stringr)

kjv_bigrams <- kjv %>%
  count_bigrams()

# 드물게 출현하는 조합을 걸러 내고, 숫자에 대해서도 그렇게 한다.
kjv_bigrams %>%
  filter(n > 40,
         !str_detect(word1, "\\d"),
         !str_detect(word2, "\\d")) %>%
  visualize_bigrams()
```

따라서 그림 4-6은 성경 내에서 공통적으로 사용되는 언어의 '청사진'을 나타내며, 특히 'thy(너
의)'와 'thou(너)'에 초점을 맞추고 있다(아마도 불용어로 간주될 수 있음). 여러분은 gutenbergr 패
키지와 count_bigrams/visualize_bigrams 함수들을 사용해 여러분의 관심을 끄는 그
밖의 고전 도서들을 대상으로 삼아 시각화할 수 있을 것이다.

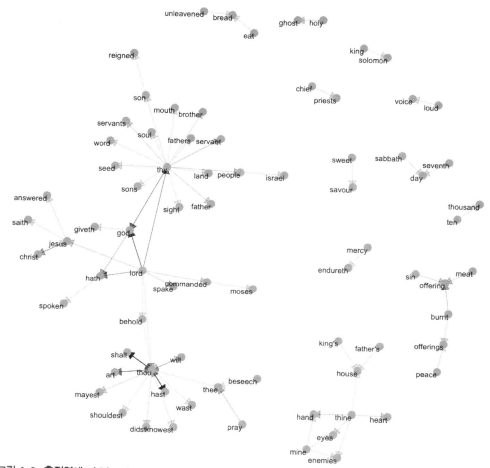

그림 4-6 흠정역에 나오는 바이그램들을 방향성 그래프로 표시한 그림. 이 그림에는 성경에 40회 이상 출현한 바이그램들이 표시되어 있다.

widyr 패키지와 단어 쌍 세기 및 상관

엔그램 토큰화는 인접한 단어들로 구성된 쌍을 탐색하는 데 유용한 방법이다. 그렇지만 우리가 특정 문서나 장 내에서 특정 단어들이 서로 연달아 나오지 않지만 해당 단어들이 동시에 출현하는 경우를 관심 대상으로 삼을 수도 있을 것이다.

정돈 데이터는 변수를 비교하거나 행을 기준으로 그룹화하는 데 유용한 구조이지만 행간을 비교하기는 어려울 수 있다. 예를 들어 두 단어가 같은 문서에 나타나는 횟수를 세거나 그 상관을 확인하기 어려울 수 있다. 쌍 단위 개수 또는 상관을 찾는 대부분의 연산을 하기 전에 먼저 데이터를 **넓은 행렬**(wide matrix)로 변환해야 한다.

5장에서 정돈 텍스트를 넓은 행렬로 바꾸는 방법을 살펴보겠다. 하지만 이 경우에는 필요하지 않다. widyr 패키지는 '데이터 확장, 연산 수행, 데이터 정돈(그림 4-7)' 패턴을 단순화해 개수 세기와 상관을 계산하는 작업을 쉽게 수행한다. 우리는 관측군(예를 들어 문서 또는 텍스트 절 사이) 간에 쌍 단위 비교를 수행하는 일련의 함수 집합을 집중해서 살펴볼 생각이다.

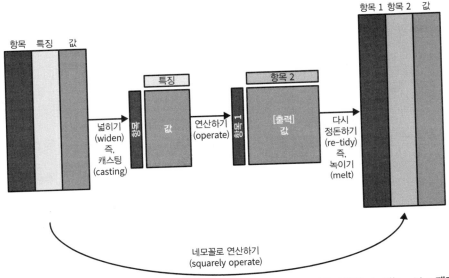

그림 4-7 정돈 데이터셋에서 값 쌍의 개수를 세거나 상관 분석과 같은 작업을 수행할 수 있는 widyr 패키지의 이면을 이루는 철학. widyr 패키지는 먼저 정돈 데이터셋을 넓은 행렬로 '캐스팅'을 하고 나서 상관과 같은 연산을 수행한 다음에 결과를 다시 정의한다.

각 단원 간의 개수 세기 및 상관

2장의 정서분석을 위해 (더 큰 단원을 사용해) 우리가 했던 것처럼 『Pride and Prejudice』라는 도서를 열 개의 단원들(sections)로 나누어서 생각해 보라. 우리는 어떤 단어가 같은 단원에 나타나는지에 관심이 있을 수 있다.

```
austen_section_words <- austen_books() %>%
  filter(book == "Pride & Prejudice") %>%
  mutate(section = row_number() %/% 10) %>%
  filter(section > 0) %>%
  unnest_tokens(word, text) %>%
```

```
    filter(!word %in% stop_words$word)

austen_section_words

## # A tibble: 37,240 × 3
##                book section          word
##               <fctr>  <dbl>         <chr>
## 1  Pride & Prejudice      1         truth
## 2  Pride & Prejudice      1   universally
## 3  Pride & Prejudice      1  acknowledged
## 4  Pride & Prejudice      1        single
## 5  Pride & Prejudice      1    possession
## 6  Pride & Prejudice      1       fortune
## 7  Pride & Prejudice      1          wife
## 8  Pride & Prejudice      1      feelings
## 9  Pride & Prejudice      1         views
## 10 Pride & Prejudice      1      entering
## # ... with 37,230 more rows
```

widyr의 함수들 중 유용한 것 한 가지는 pairwise_count()이다. 이 함수 이름의 앞부분에 있는 pairwise_는 word 변수의 각 단어 쌍에 대해 하나의 행을 생성한다는 것을 의미한다. 이 함수를 사용하면 한 개 단원 안에 흔하게 나오는 단어 쌍을 셀 수 있다.

```
library(widyr)

# 각 절들 간에 동시 발생하는 단어를 세기
word_pairs <- austen_section_words %>%
    pairwise_count(word, section, sort = TRUE)

word_pairs

## # A tibble: 796,008 × 3
##        item1     item2     n
##        <chr>     <chr> <dbl>
## 1      darcy elizabeth   144
## 2  elizabeth     darcy   144
## 3       miss elizabeth   110
## 4  elizabeth      miss   110
## 5  elizabeth      jane   106
## 6       jane elizabeth   106
## 7       miss     darcy    92
## 8      darcy      miss    92
## 9  elizabeth   bingley    91
## 10   bingley elizabeth    91
## # ... with 795,998 more rows
```

입력에서는 문서(10개 줄로 된 단원)로 구성된 쌍과 1개 단어에 대해 1개 행이 있었지만, 출력에는 단어 쌍마다 하나의 행이 있다는 것에 유의하라. 이것도 정돈된 형식이기는 하지만 우리가 새로운 질문에 답하기 위해 사용할 수 있는 구조와는 아주 다르다.

예를 들어 우리는 한 단원에서 가장 흔한 단어 쌍은 'Elizabeth'와 'Darcy(두 명의 주인공)'이라는 점을 볼 수 있다. 우리는 Darcy와 함께 자주 출현하는 단어를 쉽게 찾을 수 있다.

```
word_pairs %>%
  filter(item1 == "darcy")

## # A tibble: 2,930 × 3
##    item1     item2       n
##    <chr>     <chr>   <dbl>
## 1  darcy elizabeth    144
## 2  darcy      miss     92
## 3  darcy   bingley     86
## 4  darcy      jane     46
## 5  darcy    bennet     45
## 6  darcy    sister     45
## 7  darcy      time     41
## 8  darcy      lady     38
## 9  darcy    friend     37
## 10 darcy   wickham     37
## # ... with 2,920 more rows
```

쌍 단위 상관 검사

'Elizabeth' 및 'Darcy'와 같은 쌍은 가장 흔한 동시 발생 단어이지만 한편으로는 가장 흔하게 나오는 독립 단어이기도 하기 때문에 딱히 의미가 없다. 우리는 그 대신에 단어 사이의 **상관** (correlation)을 조사하기를 원할 수도 있는데, 상관이란 단어들이 상대적으로 얼마나 자주 함께 나타나는지 또는 얼마나 개별적으로 나타나는지를 기준으로 삼아 비교하는 지표이기 때문이다.

특히 여기에서는 이진 상관에 대한 흔한 측정 지표인 **파이 계수(phi coefficient)**(https://en.wikipedia.org/wiki/Phi_coefficient 단축 URL http://bit.ly/2DkoJKd)에 초점을 맞출 생각이다. 파이 계수는 단어 X와 Y가 둘 중 하나만 나타나거나 둘 다 나타나지 않는 경우보다 두 단어가 함께 나타나는 가능성에 초점을 맞춘다.

표 4-1을 생각해 보자.

표 4-1 파이 계수를 계산하는 데 사용되는 값

	Y 단어 있음	Y 단어 없음	합계
X 단어 있음	n_{11}	n_{10}	$n_{1\cdot}$
X 단어 없음	n_{01}	n_{00}	$n_{0\cdot}$
합계	$n_{\cdot1}$	$n_{\cdot0}$	n

예를 들어 n_{11}은 단어 X와 단어 Y가 모두 나타나는 문서의 수를 나타내며, n_{00}은 둘 다 나타나지 않는 경우를 나타내는 숫자이고, n_{10}과 n_{01}은 하나가 다른 단어 없이 나타나는 경우의 수를 나타낸다.

이 표의 관점에서 파이 계수는 다음과 같다.

$$\phi = \frac{n_{11}n_{00} - n_{10}n_{01}}{\sqrt{n_{1\cdot}n_{0\cdot}n_{\cdot0}n_{\cdot1}}}$$

파이 계수는 피어슨 상관(Pearson correlation)과 동일한데, 이 피어슨 상관을 어디선가 들어 보았을지도 모르겠다. 아마도 이진 데이터에 적용할 때 들어 보았을 것이다.

widyr의 `pairwise_cor()` 함수를 사용하면 동일한 절에 나타나는 빈도에 따라 단어 사이의 파이 계수를 찾을 수 있다. 구문은 `pair_wise_count()`와 유사하다.

```
# 우리는 최소한 상대적으로 흔한 단어를 먼저 선별해야 한다.
word_cors <- austen_section_words %>%
  group_by(word) %>%
  filter(n() >= 20) %>%
  pairwise_cor(word, section, sort = TRUE)

word_cors

## # A tibble: 154,842 × 3
##        item1     item2 correlation
##        <chr>     <chr>       <dbl>
## 1     bourgh        de   0.9508501
## 2         de    bourgh   0.9508501
## 3     pounds  thousand   0.7005808
## 4   thousand    pounds   0.7005808
## 5    william       sir   0.6644719
## 6        sir   william   0.6644719
```

```
## 7   catherine      lady   0.6633048
## 8        lady catherine   0.6633048
## 9     forster    colonel   0.6220950
## 10    colonel    forster   0.6220950
## # ... with 154,832 more rows
```

이 출력 형식은 탐색에 유용하다. 예를 들어 필터 연산을 사용해 단어 'pounds'와 가장 관련성이 높은 단어를 찾을 수 있다.

```
word_cors %>%
  filter(item1 == "pounds")

## # A tibble: 393 × 3
##       item1     item2  correlation
##       <chr>     <chr>        <dbl>
## 1    pounds  thousand   0.70058081
## 2    pounds       ten   0.23057580
## 3    pounds   fortune   0.16386264
## 4    pounds   settled   0.14946049
## 5    pounds  wickham's  0.14152401
## 6    pounds  children   0.12900011
## 7    pounds   mother's  0.11905928
## 8    pounds  believed   0.09321518
## 9    pounds    estate   0.08896876
## 10   pounds     ready   0.08597038
## # ... with 383 more rows
```

이를 통해 재미있는 특정 단어를 선택할 수 있고, 해당 단어와 관련성이 가장 높은 그 밖의 단어들을 찾을 수 있다(그림 4-8).

```
word_cors %>%
  filter(item1 %in% c("elizabeth", "pounds", "married", "pride")) %>%
  group_by(item1) %>%
  top_n(6) %>%
  ungroup() %>%
  mutate(item2 = reorder(item2, correlation)) %>%
  ggplot(aes(item2, correlation)) +
  geom_bar(stat = "identity") +
  facet_wrap(~ item1, scales = "free") +
  coord_flip()
```

바이그램을 시각화하기 위해 **ggraph**를 사용했던 것처럼 찾은 단어의 상관과 군집을 시각화하는 데 **widyr** 패키지를 사용할 수 있다(그림 4-9).

```
set.seed(2016)

word_cors %>%
  filter(correlation > .15) %>%
  graph_from_data_frame() %>%
  ggraph(layout = "fr") +
  geom_edge_link(aes(edge_alpha = correlation), show.legend = FALSE) +
  geom_node_point(color = "lightblue", size = 5) +
  geom_node_text(aes(label = name), repel = TRUE) +
  theme_void()
```

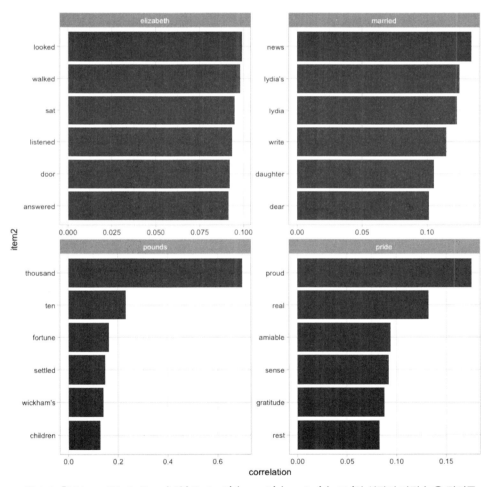

그림 4-8 『Pride and Prejudice』 속의 'elizabeth', 'pounds', 'married', 'pride'와 상관이 가장 높은 단어들

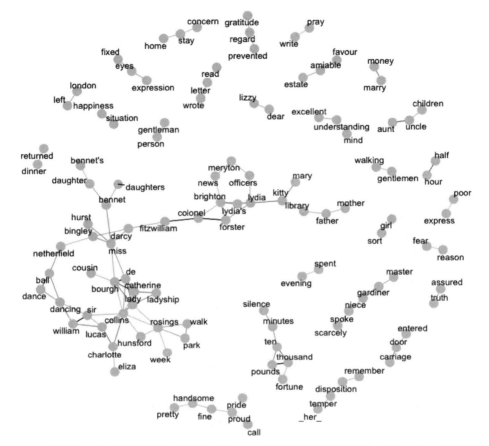

그림 4-9 동일한 10줄짜리 단원 내에 나타나는 최소 0.15 상관을 보여 주는 『Pride and Prejudice』의 단어 쌍

바이그램 분석과 달리 여기서의 관계는 방향성(directional)을 띤 게 아니라 대칭적(symmetrical)이라는 점에 유의하자(화살표가 없다는 말이다). 우리는 또한 'colonel/fitzwilliam'과 같이 바이그램 짝 중에 거의 대부분을 차지하는 이름이나 제목의 짝이 흔하다는 점을 볼 수 있고, 또한 'walk'와 'park' 또는 'dance'와 'ball'처럼 서로 인접해서 출현하는 단어의 조합도 볼 수 있다.

요약

이번 장에서는 **정돈 텍스트 접근법**이 개별 단어를 분석하는 데 유용할 뿐만 아니라 단어 간의 관계 및 연결을 탐색하는 데도 유용하다는 것을 보여 줬다. 이러한 관계에는 엔그램이 포함될 수 있으며, 이는 어떤 단어가 다른 단어 뒤에 나타나는 경향이 있는지와, 서로 인접한 곳에 출현하는 단어 간의 **동시 발생(co-occurrences)**, 즉 **상관(correlations)**을 볼 수 있게 해 준다. 이번 장에서는 이러한 두 종류의 관계를 연결망으로 시각화하기 위한 ggraph 패키지도 소개했다. 이러한 연결망 시각화는 관계를 탐구하는 데 쓰기에 유연한 도구이며, 이후 장들에 나오는 사례 연구에서 중요한 역할을 수행한다.

5

비정돈 형식 간에 변환하기

이전에 나온 여러 장에서 **정돈 텍스트 형식**으로 배열된 텍스트를 분석했는데, 이때 쓰이는 테이블은 unnest_tokens() 함수로 생성되는 테이블과 마찬가지로 1행당 1문서, 1문서당 1토큰으로 구성된 테이블이다. 이를 통해 dplyr, tidyr 및 ggplot2와 같은 인기 있는 도구 모음을 사용해 텍스트 데이터를 탐색하고 시각화할 수 있다. 우리는 이러한 도구를 사용해 다양하고 유익한 텍스트를 분석할 수 있음을 입증했다.

그러나 자연 언어 처리를 위한 기존의 R 도구 대부분은 tidytext 패키지 외에는 이 형식과 호환되지 않는다. **자연어 처리를 위한 CRAN 태스크 뷰(CRAN Task View for Natural Language Processing,** https://cran.r-project.org/web/views/NaturalLanguageProcessing.html 단축URL http://bit.ly/2AREEhJ)를 보면 입력 구조를 다르게 취하면서도 정돈된 출력을 제공하는 많은 패키지가 나열되어 있다. 이러한 패키지들은 텍스트 마이닝 애플리케이션에 아주 유용해서, 많은 기존 텍스트 데이터셋은 이러한 형식에 따라 구성된다.

컴퓨터 과학자인 할 아벨슨(Hal Abelson)은 "개별 작업이 아무리 복잡하고 세련되더라도 시스템의 성능을 가장 직접적으로 결정하는 것이 접착제의 품질"이라고 지적했다(Abelson 2008). 그 정신을 바탕으로 이번 장에서는 정돈 텍스트 형식을 다른 중요한 패키지 및 데이터 구조와 연결하는 '**접착제(glue)**'에 대해 논의함으로써, 여러분이 기존 텍스트 마이닝 패키지와 정돈 도구 모음에 의지해 여러분의 분석 작업을 수행할 수 있게 하려고 한다.

그림 5-1은 **정돈 데이터 구조**(tidy data stuructures, 즉 깔끔한 데이터 구조)와 **비정돈 데이터 구조**(untidy data stuructures, 즉 깔끔하지 않은 데이터 구조), 그리고 **정돈 도구**(tidy tools)와 **비정돈 도구**(untidy tools) 간에 분석 작업을 전환하는 일을 보여 준다. 이번 장에서는 문서-용어 행렬을 정돈하는 과정과, 정돈된 행렬에 정돈 데이터 프레임을 캐스팅하는 과정에 초점을 맞출 것이다. 우리는 또한 원시 텍스트와 문서 메타데이터를 결합한 Corpus(말뭉치) 객체들을 텍스트 데이터 프레임으로 정돈함으로써, 금융 관련 기사를 수집하여 분석하는 사례 연구를 진행하는 방법을 살펴볼 생각이다.

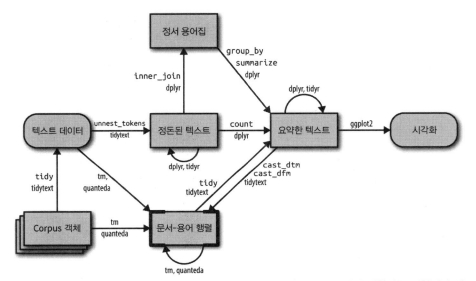

그림 5-1 **tidytext를 다른 도구 및 데이터 형식, 특히 tm 또는 quanteda 패키지와 결합하는 전형적인 텍스트 분석의 순서도. 이번 장에서는 문서-용어 행렬과 정돈 데이터 프레임을 이리저리 변환하고 Corpus 객체를 텍스트 데이터 프레임으로 변환하는 방법을 보여 준다.**

문서-용어 행렬 정돈하기

텍스트 마이닝 패키지가 작동하는 가장 흔한 구조 중 하나는 **문서-용어 행렬**(document-term matrix, DTM, https://en.wikipedia.org/wiki/Document-term_matrix 단축 URL http://bit.ly/2DliSVa)이다. 이 행렬은 다음과 같다.

- 각 행은 하나의 문서(예를 들면 도서나 논문)를 나타낸다.
- 각 열은 하나의 용어를 나타낸다.

- 각 값에는 (일반적으로) 해당 문서에서 해당 용어가 출현하는 횟수가 들어간다.

문서와 용어가 서로 한 쌍을 이루는 일이 거의 일어나지 않으므로(즉, 값이 0이므로) DTM은 일반적으로 희소 행렬이 된다. 이러한 객체를 행렬(예: 특정 행과 열에 접근할 수 있으므로)처럼 취급할 수도 있지만, 더 효율적인 형식으로 저장할 수도 있다. 이번 장에서는 이러한 행렬에 대한 몇 가지 구현을 설명한다.

대부분의 텍스트 마이닝 패키지에 정돈 데이터 프레임을 입력으로 사용할 수 없듯이 DTM 객체를 정돈 도구에서 바로 사용할 수는 없다. 따라서 tidytext 패키지는 두 가지 형식을 변환하는 두 개의 동사를 제공한다.

- tidy()는 문서-용어 행렬을 **정돈 데이터 프레임**으로 바꾼다. 이 동사는 많은 통계 모델과 객체에 대해 비슷한 정돈 기능을 제공하는 broom 패키지(Robinson 2017)에서 유래했다.
- cast()는 정돈된 **1행당 1용어** 데이터 프레임을 행렬로 변환한다. tidytext는 이 동사의 세 가지 변형을 제공하며 각 동사는 다른 유형의 행렬로 변환하는데, 이 세 가지 동사로는 cast_sparse()(Matrix 패키지에서 희소 행렬로 변환), cast_dtm()(tm에서 DocumentTermMatrix 객체로 변환), cast_dfm()(quanteda에서 dfm 객체로 변환)이 있다.

그림 5-1에서 볼 수 있듯이 DTM은 일반적으로 용어나 문서의 각 조합에 대해 개수, 또는 다른 통계가 포함된 개수, 또는 group_by나 summarize로 처리된 정돈 데이터 프레임과 비교할 수 있다.

DocumentTermMatrix 객체 정돈하기

아마도 R에서 가장 널리 사용되는 DTM의 구현은 tm 패키지의 DocumentTermMatrix 클래스일 것이다. 사용 가능한 많은 텍스트 마이닝 데이터셋이 이 형식으로 제공된다. 예를 들어 topicmodels 패키지에 포함된 'Associated Press'라는 신문 기사 모음집을 고려해 보자.

```
library(tm)

data("AssociatedPress", package = "topicmodels")[1]

AssociatedPress
```

---

[1] [옮긴이] R에 조금이라도 경험이 있다면 알고 있겠지만, 이 줄이 실행되려면 topicmodels 패키지가 설치되어 있어야 한다. 설치되어 있지 않다면 install packages("topicmodels")를 실행해 패키지부터 설치하고 나서 그다음에 이 코드를 실행하면 된다.

```
## <<DocumentTermMatrix (documents: 2246, terms: 10473)>>
## Non-/sparse entries: 302031/23220327
## Sparsity           : 99%
## Maximal term length: 18
## Weighting          : term frequency (tf)
```

이 데이터셋에는 문서(각 AP 기사)와 용어(별개의 단어들)가 포함되어 있다. 이 DTM은 99%가 희박하다(문서-단어 쌍의 99%가 0이라는 이야기). Terms() 함수를 사용해 문서의 용어에 액세스할 수 있다.

```
terms <- Terms(AssociatedPress)

head(terms)

## [1] "aaron"      "abandon"    "abandoned"  "abandoning" "abbott"     "abboud"
```

정돈 도구로 이 데이터를 분석하려면 먼저 **1행당 1문서, 1문서당 1토큰** 구조로 된 데이터 프레임으로 변환해야 한다. broom 패키지는 tidy() 동사를 도입했는데, tidy() 동사는 정돈되지 않은 객체를 가져와서 정돈 데이터 프레임으로 만든다. tidytext 패키지는 DocumentTermMatrix 객체에 대해 이 메서드를 구현한다.

```
library(dplyr)
library(tidytext)

ap_td <- tidy(AssociatedPress)

ap_td

## # A tibble: 302,031 × 3
##    document      term count
##       <int>     <chr> <dbl>
## 1         1    adding     1
## 2         1     adult     2
## 3         1       ago     1
## 4         1   alcohol     1
## 5         1 allegedly     1
## 6         1     allen     1
## 7         1 apparently     2
## 8         1  appeared     1
## 9         1  arrested     1
## 10        1   assault     1
## # ... with 302,021 more rows
```

이제 document, term, count 변수가 있는 정돈된 3열짜리 tbl_df가 있음을 알 수 있다. 이 정돈 작업은 **비희소 행렬**에 대한 reshape2 패키지(Wickham 2007)의 melt() 함수와 유사하다.

 0이 아닌 값만 정돈된 출력에 포함된다는 점에 유념하자. 즉, 문서 1에는 'aaron' 또는 'abandon'이 아닌 'adding' 및 'adult'와 같은 용어가 포함된다. 즉, 정돈된 버전에는 count가 0인 행이 없다.

이전 장에서 보았듯이 이 양식은 dplyr, tidytext 및 ggplot2 패키지를 사용한 분석에 편리하다. 예를 들어 2장에서 설명한 방법으로 이 신문 기사에 대한 정서분석을 수행할 수 있다.

```
ap_sentiments <- ap_td %>%
  inner_join(get_sentiments("bing"), by = c(term = "word"))

ap_sentiments

## # A tibble: 30,094 × 4
##    document     term count  sentiment
##       <int>    <chr> <dbl>      <chr>
## 1         1  assault     1   negative
## 2         1  complex     1   negative
## 3         1    death     1   negative
## 4         1     died     1   negative
## 5         1     good     2   positive
## 6         1  illness     1   negative
## 7         1   killed     2   negative
## 8         1     like     2   positive
## 9         1    liked     1   positive
## 10        1  miracle     1   positive
## # ... with 30,084 more rows
```

이 정서분석 데이터를 가지고 그림 5-2에서 볼 수 있듯이 AP 기사에서 가장 자주 긍정 정 서 또는 부정 정서에 기여한 단어를 시각화할 수 있다. 가장 흔한 긍정 단어에는 'like', 'work', 'support', 'good'이 포함되며, 가장 흔한 부정 단어에는 'killed', 'death', 'vice'가 포함된다(부정적인 용어로 'vice(부통령)'를 포함하는 것은 대개 'vice(부검)'를 의미하기 때문에 알고리즘 부분이 실수해서일 수 있다).

```
library(ggplot2)

ap_sentiments %>%
  count(sentiment, term, wt = count) %>%
  ungroup() %>%
  filter(n >= 200) %>%
  mutate(n = ifelse(sentiment == "negative", -n, n)) %>%
  mutate(term = reorder(term, n)) %>%
  ggplot(aes(term, n, fill = sentiment)) +
  geom_bar(stat = "identity") +
  ylab("Contribution to sentiment") +
  coord_flip()
```

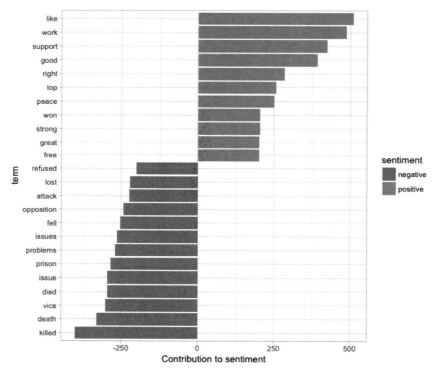

그림 5-2 **Bing 정서 용어집을 사용하는 경우에 긍정 정서나 부정 정서에 가장 큰 기여를 한 AP 기사의 단어[2]**

2 올긴이 여기서 각 이름(label)과 범례(legend)의 뜻은 다음과 같다. term: 용어, contribution to sentiment: 정서에 기여한 정도, sentiment: 정서, negative: 부정, positive: 긍정.

dfm 객체 정돈하기

그 밖의 텍스트 마이닝 패키지들은 quanteda 패키지의 **문서-특징 행렬**(document-feature matrix, dfm) 클래스와 같은 문서-용어 행렬의 대체 구현을 제공한다(Benoit and Nulty 2016). 예를 들어 quanteda 패키지에는 적절한 함수를 사용해 dfm으로 변환할 수 있는 대통령 취임 연설문이 함께 제공된다.

```
library(methods)

data("data_corpus_inaugural", package = "quanteda")
inaug_dfm <- quanteda::dfm(data_corpus_inaugural, verbose = FALSE)

inaug_dfm

## Document-feature matrix of: 58 documents, 9,232 features (91.6% sparse).
```

tidy 메서드는 이러한 문서-특징 행렬에서도 작동해 이를 **1행당 1문서, 1문서당 1토큰**으로 변환한다.

```
inaug_td <- tidy(inaug_dfm)

inaug_td

## # A tibble: 44,725 × 3
##            document   term count
##               <chr>  <chr> <dbl>
## 1  1789-Washington fellow      3
## 2  1793-Washington fellow      1
## 3       1797-Adams fellow      3
## 4   1801-Jefferson fellow      7
## 5   1805-Jefferson fellow      8
## 6    1809-Madison fellow      1
## 7    1813-Madison fellow      1
## 8     1817-Monroe fellow      6
## 9     1821-Monroe fellow     10
## 10      1825-Adams fellow      3
## # ... with 44,715 more rows
```

우리가 각 취임식 연설에서 가장 구체적인 단어를 찾는 데 관심을 둘 수 있다. 이는 3장에서 설명한 것처럼 bind_tf_idf() 함수를 사용해 각 **용어-연설**(term-speech) 쌍의 tf-idf를 계산해 정량화할 수 있다.

```
inaug_tf_idf <- inaug_td %>%
  bind_tf_idf(term, document, count) %>%
  arrange(desc(tf_idf))

inaug_tf_idf

## # A tibble: 44,725 × 6
##             document        term count          tf       idf     tf_idf
##                <chr>       <chr> <dbl>       <dbl>     <dbl>      <dbl>
## 1  1793-Washington      arrive     1 0.006802721 4.060443 0.02762206
## 2  1793-Washington upbraidings     1 0.006802721 4.060443 0.02762206
## 3  1793-Washington    violated     1 0.006802721 3.367296 0.02290677
## 4  1793-Washington    willingly     1 0.006802721 3.367296 0.02290677
## 5  1793-Washington    incurring     1 0.006802721 3.367296 0.02290677
## 6  1793-Washington     previous     1 0.006802721 2.961831 0.02014851
## 7  1793-Washington    knowingly     1 0.006802721 2.961831 0.02014851
## 8  1793-Washington  injunctions     1 0.006802721 2.961831 0.02014851
## 9  1793-Washington     witnesses     1 0.006802721 2.961831 0.02014851
## 10 1793-Washington      besides     1 0.006802721 2.674149 0.01819149
## # ... with 44,715 more rows
```

우리는 이 데이터를 사용해 (링컨 대통령, 루스벨트, 케네디, 오바마 대통령으로부터) 주목할 만한 취임 연설을 고르고 그림 5-3에서와 같이 각 연설에 가장 구체적인 단어를 시각화할 수 있다.

정돈 데이터로 가능한 시각화의 또 다른 예로서, 각 문서의 이름에서 연도를 추출하고 해마다 전체 단어 수를 계산할 수 있다.

우리는 tidyr의 complete() 함수를 사용해 테이블에 0들이(0이 있다는 것은 문서에서 해당 단어가 출현하지 않는 경우를 말함) 포함되도록 했다.

```
library(tidyr)

year_term_counts <- inaug_td %>%
  extract(document, "year", "(\\d+)", convert = TRUE) %>%
  complete(year, term, fill = list(count = 0)) %>%
  group_by(year) %>%
  mutate(year_total = sum(count))
```

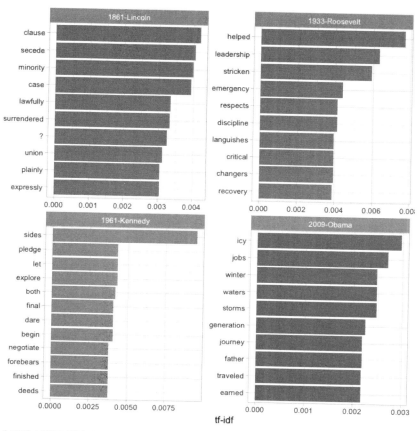

그림 5-3 네 개의 선택된 취임식 연설 각각에서 tf-idf가 가장 큰 용어. quanteda의 토큰화기(tokenizer)에는 '?' 라는 구두점이 포함되어 있다. 단, unnest_tokens로 토큰화한 텍스트는 그렇지 않다.

이를 통해 그림 5-4와 같이 시간에 따라 여러 단어를 선택하고 빈도가 어떻게 변했는지 시각화할 수 있다. 우리는 시간이 지남에 따라 미국 대통령들이 미국을 'Union(합중국)'으로 언급할 가능성이 낮아지고 'America(아메리카)'라고 언급할 가능성이 더 커짐을 볼 수 있다. 대통령들은 또한 'Constitution(헌법)'과 'foreign(외국)' 국가들에 대해서 이야기를 덜 하게 된 것으로 보이며 'freedom(자유)'과 'God(하느님)'을 더 많이 언급하는 것으로 보인다.

```
year_term_counts %>%
  filter(term %in% c("god", "america", "foreign",
                     "union", "constitution", "freedom")) %>%
  ggplot(aes(year, count / year_total)) +
  geom_point() +
  geom_smooth() +
  facet_wrap(~ term, scales = "free_y") +
  scale_y_continuous(labels = scales::percent_format()) +
  ylab("% frequency of word in inaugural address")
```

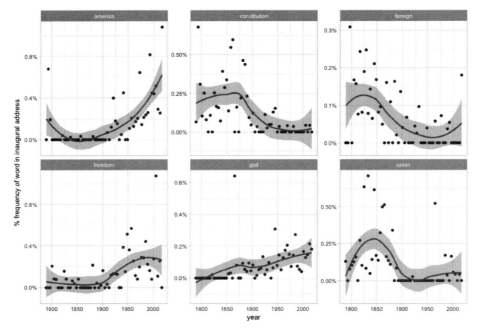

그림 5-4 대통령 취임 연설에서 네 가지 선택된 용어에 대한 단어 빈도의 변화

이 예제는 분석 대상으로 삼은 문서의 원본이 정돈된 형식이 아닐지라도 tidytext와 관련된 정돈 도구 모음을 사용해 해당 문서를 분석하는 방법을 보여 준다.

정돈 텍스트 데이터를 행렬에 캐스팅하기

기존의 텍스트 마이닝 패키지가 문서-용어 행렬을 표본 데이터나 출력으로 제공하므로, 일부 알고리즘은 이러한 행렬을 입력으로 받을 것으로 기대한다. 따라서 tidytext는 정돈된 형식에서 이러한 행렬로 변환하기 위한 cast_로 시작되는 동사들을 제공한다.

예를 들어 정돈된 AP 데이터셋을 가져와서 cast_dtm() 함수를 사용해 문서-용어 행렬로 다시 캐스팅할 수 있다.

```
ap_td %>%
  cast_dtm(document, term, count)

## <<DocumentTermMatrix (documents: 2246, terms: 10473)>>
## Non-/sparse entries: 302031/23220327
```

```
## Sparsity           : 99%
## Maximal term length: 18
## Weighting          : term frequency (tf)
```

마찬가지로 우리는 cast_dfm()을 사용해 테이블을 quanteda의 dfm에서 dfm 객체로 캐스팅할 수 있다.

```
ap_td %>%
  cast_dfm(document, term, count)

## Document-feature matrix of: 2,246 documents, 10,473 features (98.7% sparse).
```

일부 도구에는 **희소 행렬(sparse matrix)**이 필요하다.

```
library(Matrix)

# Matrix 객체로 캐스팅해 넣기
m <- ap_td %>%
  cast_sparse(document, term, count)

class(m)

## [1] "dgCMatrix"
## attr(,"package")
## [1] "Matrix"

dim(m)

## [1]  2246 10473
```

이런 종류의 변환은 이 도서에서 지금까지 사용해 온 정돈 텍스트 구조에서 쉽게 수행할 수 있다. 예를 들어 몇 줄의 코드만으로 제인 오스틴의 DTM을 만들 수 있다.

```
library(janeaustenr)

austen_dtm <- austen_books() %>%
  unnest_tokens(word, text) %>%
  count(book, word) %>%
  cast_dtm(book, word, n)

austen_dtm
```

```
## <<DocumentTermMatrix (documents: 6, terms: 14520)>>
## Non-/sparse entries: 40379/46741
## Sparsity             : 54%
## Maximal term length: 19
## Weighting            : term frequency (tf)
```

이 캐스팅 과정을 통해 dplyr 및 기타 정돈 도구를 사용해 읽고 선별하고 처리한 후 데이터를 머신러닝 응용 프로그램용 문서-용어 행렬로 변환할 수 있다. 6장에서는 정돈 텍스트 데이터셋을 처리하기 위해 DocumentTermMatrix로 변환해야 하는 몇 가지 예를 살펴볼 것이다.

Corpus 객체를 메타데이터로 정돈하기

토큰화를 하기 '전에' 문서 모음집들을 저장해 두도록 설계된 데이터 구조들이 있는데, 이것들을 종종 **말뭉치(corpus)**라고 부른다. 흔한 예를 한 가지 들면 tm 패키지의 Corpus 객체가 있다. 여기에는 ID, 날짜/시간, 제목 또는 각 문서의 언어가 포함될 수 있는 메타데이터 옆에 텍스트가 저장된다.

예를 들어 tm 패키지에는 로이터(Reuters) 통신사의 50개 기사가 들어 있는 acq라는 말뭉치가 함께 제공된다.

```
data("acq")

acq

## <<VCorpus>>
## Metadata:   corpus specific: 0, document level (indexed): 0
## Content:   documents: 50

# 첫 번째 문서
acq[[1]]

## <<PlainTextDocument>>
## Metadata:  15
## Content:   chars: 1287
```

Corpus 객체는 리스트와 같은 구조로 구조화되며 각 항목에는 텍스트와 메타데이터가 모두 포함된다(Corpus 객체 작업에 대한 자세한 내용은 tm 설명서 참조). 이 Corpus 객체를 사용하는 게 문서를 유연하게 저장하는 방법이기는 하지만 정돈 도구로 처리하기에는 적합하지 않다.

따라서 우리는 `tidy()` 메서드를 사용해 메타데이터(예를 들면 id 및 datetimestamp)를 텍스트와 함께 열로 포함해 1문서당 1행으로 된 테이블을 생성할 수 있다.

```
acq_td <- tidy(acq)

acq_td
```

```
## # A tibble: 50 × 16
##
##                         author    datetimestamp description
##                          <chr>            <dttm>        <chr>
## 1                         <NA> 1987-02-26 10:18:06
## 2                         <NA> 1987-02-26 10:19:15
## 3                         <NA> 1987-02-26 10:49:56
## 4  By Cal Mankowski, Reuters 1987-02-26 10:51:17
## 5                         <NA> 1987-02-26 11:08:33
## 6                         <NA> 1987-02-26 11:32:37
## 7      By Patti Domm, Reuter 1987-02-26 11:43:13
## 8                         <NA> 1987-02-26 11:59:25
## 9                         <NA> 1987-02-26 12:01:28
## 10                        <NA> 1987-02-26 12:08:27
##
##                                          heading     id language
##                                            <chr> <chr>     <chr>
## 1   COMPUTER TERMINAL SYSTEMS <CPML> COMPLETES SALE    10       en
## 2       OHIO MATTRESS <OMT> MAY HAVE LOWER 1ST QTR NET    12       en
## 3       MCLEAN'S <MII> U.S. LINES SETS ASSET TRANSFER    44       en
## 4      CHEMLAWN <CHEM> RISES ON HOPES FOR HIGHER BIDS    45       en
## 5     <COFAB INC> BUYS GULFEX FOR UNDISCLOSED AMOUNT    68       en
## 6          INVESTMENT FIRMS CUT CYCLOPS <CYL> STAKE    96       en
## 7   AMERICAN EXPRESS <AXP> SEEN IN POSSIBLE SPINNOFF   110       en
## 8   HONG KONG FIRM UPS WRATHER<WCO> STAKE TO 11 PCT   125       en
## 9              LIEBERT CORP <LIEB> APPROVES MERGER   128       en
## 10     GULF APPLIED TECHNOLOGIES <GATS> SELLS UNITS   134       en
## # ... with 40 more rows, and 10 more variables: language <chr>, origin <chr>,
## #   topics <chr>, lewissplit <chr>, cgisplit <chr>, oldid <chr>,
## #   places <list>, people <lgl>, orgs <lgl>, exchanges <lgl>, text <chr>
```

그런 다음 이것을 unnest_tokens()와 함께 사용하는 식으로, 예를 들면 50개의 로이터 기사를 찾는다거나 가장 구체적인 기사를 찾을 수 있다.

```
acq_tokens <- acq_td %>%
  select(-places) %>%
  unnest_tokens(word, text) %>%
  anti_join(stop_words, by = "word")

# 가장 흔한 단어들
acq_tokens %>%
    count(word, sort = TRUE)

## # A tibble: 1,566 × 2
##        word      n
##       <chr> <int>
## 1      dlrs    100
## 2       pct     70
## 3       mln     65
## 4   company     63
## 5    shares     52
## 6    reuter     50
## 7     stock     46
## 8     offer     34
## 9     share     34
## 10 american     28
## # ... with 1,556 more rows

# tf-idf
acq_tokens %>%
    count(id, word) %>%
    bind_tf_idf(word, id, n) %>%
    arrange(desc(tf_idf))

## Source: local data frame [2,853 x 6]
## Groups: id [50]
##
##        id     word     n          tf      idf   tf_idf
##     <chr>    <chr> <int>       <dbl>    <dbl>    <dbl>
## 1     186   groupe     2  0.13333333 3.912023 0.5216031
## 2     128  liebert     3  0.13043478 3.912023 0.5102639
## 3     474  esselte     5  0.10869565 3.912023 0.4252199
## 4     371  burdett     6  0.10344828 3.912023 0.4046920
## 5     442 hazleton     4  0.10256410 3.912023 0.4012331
## 6     199  circuit     5  0.10204082 3.912023 0.3991860
## 7     162 suffield     2  0.10000000 3.912023 0.3912023
## 8     498     west     3  0.10000000 3.912023 0.3912023
## 9     441      rmj     8  0.12121212 3.218876 0.3901668
## 10    467  nursery     3  0.09677419 3.912023 0.3785829
## # ... with 2,843 more rows
```

사례 연구: 금융 관련 기사 마이닝

Corpus 객체는 데이터 수집 패키지의 흔한 출력 형식이다. `tidy()` 함수를 사용하면 다양한 텍스트 데이터에 액세스할 수 있다. 한 예로 tm.plugin.webmining(https://cran.r-project. org/package=tm.plugin.webmining 단축URL http://bit.ly/2AQSC3q)이 있는데, 온라인 피드에 연결해 중요어를 기반으로 뉴스 기사를 검색한다. 예를 들어 WebCorpus(GoogleFinance Source("NASDAQ : MSFT")))를 사용하면 마이크로소프트(MSFT) 주식과 관련된 가장 최근의 기사 20개를 검색할 수 있다. 여기에서는 아홉 가지 주요 기술주와 관련된 최근 기사를 검색할 것이다.

이런 기술주로는 마이크로소프트, 애플, 구글, 아마존, 페이스북, 트위터, IBM, 야후, 넷플릭스 등이 있다.

이 결과는 이번 장을 작성하던 2017년 1월에 내려받은 것이므로 직접 실행하면 다른 결과를 얻을 수 있다.

이 코드를 실행하는 데 몇 분이 걸린다.

```
library(tm.plugin.webmining)³
library(purrr)

company <- c("Microsoft", "Apple", "Google", "Amazon", "Facebook",
             "Twitter", "IBM", "Yahoo", "Netflix")
symbol <- c("MSFT", "AAPL", "GOOG", "AMZN", "FB", "TWTR", "IBM", "YHOO", "NFLX")
```

---

3 옮긴이 이 라이브러리를 불러오려면 같은 이름을 지닌 패키지가 먼저 설치되어 있어야 한다. 그런데 패키지를 설치하다 보면 JAVA_HOME이 레지스트리에 등록되어 있지 않다는 '에러' 문구가 뜰 수 있다. 이런 경우라면 다음 순서대로 다음과 같은 일부터 처리한다.

1. 자신의 R 버전(64비트 또는 32비트)에 일치하는 자바 버전을 설치한다(https://www.java.com/en/download/manual.jsp).
2. R 콘솔에서 rJava 패키지를 다음 명령으로 설치한다.

   `install.packages("rJava")`

3. 그런 다음 rJava 라이브러리를 불러온다.

   `library(rJava)`

```
download_articles <- function(symbol) {

  WebCorpus(GoogleFinanceSource(paste0("NASDAQ:", symbol)))⁴
}

stock_articles <- data_frame(company = company,
                             symbol = symbol) %>%
  mutate(corpus = map(symbol, download_articles))
```

이 코드에서는 purrr 패키지의 map() 함수를 사용한다. 이 함수는 symbol의 각 항목에 함수를 적용해 리스트를 작성하고 corpus 리스트 열에 저장한다.

```
stock_articles

## # A tibble: 9 × 3
##   company symbol      corpus
##     <chr>  <chr>      <list>
## 1 Microsoft   MSFT <S3: WebCorpus>
## 2     Apple   AAPL <S3: WebCorpus>
## 3    Google   GOOG <S3: WebCorpus>
## 4    Amazon   AMZN <S3: WebCorpus>
## 5  Facebook     FB <S3: WebCorpus>
## 6   Twitter   TWTR <S3: WebCorpus>
## 7       IBM    IBM <S3: WebCorpus>
## 8     Yahoo   YHOO <S3: WebCorpus>
## 9   Netflix   NFLX <S3: WebCorpus>
```

corpus라는 리스트 형식 열의 각 항목은 WebCorpus 객체이며 acq와 같은 말뭉치들의 특수한 경우다. 따라서 우리는 tidy() 함수를 사용해 각 객체를 데이터 프레임으로 만들고, tidyr의 unnest()를 사용해 중첩을 해제한 다음 unnest_tokens()를 사용해 개별 기사의 텍스트 열을 토큰화할 수 있다.⁵

---

4 옮긴이 현시점에서 구글이 금융 정보 제공 서비스를 종료한 것으로 보이며, 이에 따라 이 부분에서 문제가 생길 수 있다. 그럴 때는 야후에서 데이터를 받도록 수정해야 한다. 이 줄을 다음과 같은 코드로 대체하면 된다(출처: stackoverflow 단축URL http://bit.ly/2DkxGn5).
   WebCorpus(YahooFinanceSource(paste0(symbol)))

5 옮긴이 아래 코드를 사용할 때 tidyr, tidytext 라이브러리를 지정하지 않으면 unnest, tidy, unnest_tokens 함수를 사용할 수 없다는 문구를 볼 수도 있다. 이럴 때는 library(tidyr)와 library(tidytext)를 먼저 실행해야 한다.

```
stock_tokens <- stock_articles %>%
  unnest(map(corpus, tidy)) %>%
  unnest_tokens(word, text) %>%
  select(company, datetimestamp, word, id, heading)

stock_tokens

## # A tibble: 105,057 × 5
##      company        datetimestamp             word
##        <chr>              <dttm>              <chr>
## 1  Microsoft 2017-01-17 07:07:24        microsoft
## 2  Microsoft 2017-01-17 07:07:24      corporation
## 3  Microsoft 2017-01-17 07:07:24             data
## 4  Microsoft 2017-01-17 07:07:24          privacy
## 5  Microsoft 2017-01-17 07:07:24            could
## 6  Microsoft 2017-01-17 07:07:24             send
## 7  Microsoft 2017-01-17 07:07:24             msft
## 8  Microsoft 2017-01-17 07:07:24            stock
## 9  Microsoft 2017-01-17 07:07:24          soaring
## 10 Microsoft 2017-01-17 07:07:24               by
## # ... with 105,047 more rows, and 2 more variables: id <chr>, heading <chr>
```

여기서 우리는 사용된 단어와 함께 각 기사의 메타데이터 중 일부를 볼 수 있다. tf-idf를 사용해 각 단어 기호에 가장 적합한 단어를 결정할 수 있다.

```
library(stringr)

stock_tf_idf <- stock_tokens %>%
  count(company, word) %>%
  filter(!str_detect(word, "\\d+")) %>%
  bind_tf_idf(word, company, n) %>%
  arrange(-tf_idf)
```

각 용어의 상위 용어는 그림 5-5에서 볼 수 있다. 우리가 예상할 수 있듯이, 회사의 이름과 상표는 일반적으로 포함되지만, 생산 제품이나 일부 임원의 이름뿐만 아니라 거래 회사(예를 들면 디즈니와 넷플릭스)의 이름도 들어 있다.

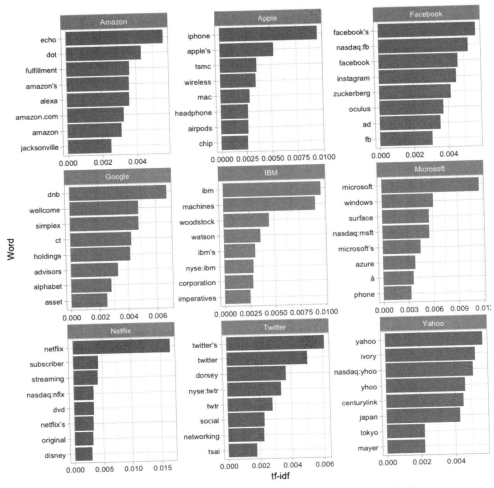

그림 5-5 최근 각 회사의 특정 기사에서 tf-idf가 가장 높은 여덟 개 단어

최신 뉴스를 사용해 시장을 분석하고 투자 결정을 내리는 데 관심이 있어서 뉴스가 다루는 내용이 긍정적인지 부정적인지 판단하기 위해 정서분석을 사용하려고 한다고 하자. 이러한 분석을 하기 전에 28쪽에 나오는 '**가장 흔한 긍정 단어와 부정 단어**'에서 볼 수 있듯이 어떤 단어가 긍정 정서 또는 부정 정서에 가장 많이 기여하는지 살펴봐야 한다. 예를 들어 AFINN 어휘집에서 이것을 검사할 수 있다(그림 5-6).

```
stock_tokens %>%
  anti_join(stop_words, by = "word") %>%
  count(word, id, sort = TRUE) %>%
  inner_join(get_sentiments("afinn"), by = "word") %>%
  group_by(word) %>%
```

```
summarize(contribution = sum(n * score)) %>%
top_n(12, abs(contribution)) %>%
mutate(word = reorder(word, contribution)) %>%
ggplot(aes(word, contribution)) +
geom_col() +
coord_flip() +
labs(y = "Frequency of word * AFINN score")
```

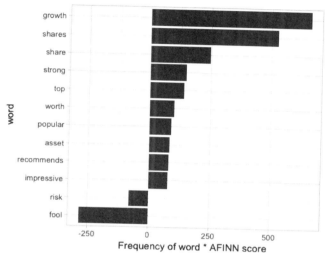

그림 5-6 AFINN 사전에 따르면 이 단어들이 최근 금융 기사에서 정서 점수에 가장 큰 기여를 한 것들이다. 여기 서 '기여'라는 것은 단어와 정서 점수의 산물이다.

이 금융 기사의 문맥에서 크게 주의해야 할 점이 몇 가지 있다. 'share'와 'shares'라는 단어는 AFINN 용어집에서는 긍정적인 동사(Alice will **share** her cake with Bob, 앨리스는 자신의 케이크를 밥과 나눠 먹을 것이다)로 계산하지만, 실제로는 중립적인 명사(The stock price is $12 per **share**, 주 가는 주당 12달러)여서 부정적인 단어만큼이나 쉽게 긍정적인 문장 속에 있을 가능성이 높다. 'fool'이라는 단어는 더 속기 쉬운데, 이 단어가 금융 서비스 회사인 Motley Fool을 가리키기 때문이다. 간단히 말해 AFINN의 정서 어휘가 재무 데이터의 맥락에 완전히 부합하지 않음을 알 수 있다(NRC 및 Bing 어휘도 마찬가지).

그래서 우리는 지금까지 사용해 왔던 용어집들을 대신할 그 밖의 정서 용어집을 도입할 생각 인데, 금융 정서 용어에 관한 로렌-맥도널드 사전(Loughran and McDonald 2011)이 그것이다. 이 용어집은 금융 관련 보고서들을 분석해 작성한 것으로서, 'liability(신뢰)' 및 'risk(위험)'와 같이 미묘한 용어뿐만 아니라 'share(주)' 및 'fool(풀)'과 같이 재무적 맥락에서 보면 부정적 의미가 없 을 수도 있는 용어도 의도적으로 피한다.

로렌 데이터에는 단어가 여섯 가지 정서별로 구분되어 있다. 'positive(긍정적인)', 'negative(부정적인)', 'litigious(논쟁적인)', 'uncertain(불확실한)', 'constraining(제한하는)', 'superfluous(과잉의)'가 이 여섯 가지 정서에 해당한다. 이 텍스트 데이터셋(그림 5-7) 내에서 각 정서에 속하는 가장 흔한 단어를 검토하는 일부터 해 보자.

```
stock_tokens %>%
  count(word) %>%
  inner_join(get_sentiments("loughran"), by = "word") %>%
  group_by(sentiment) %>%
  top_n(5, n) %>%
  ungroup() %>%
  mutate(word = reorder(word, n)) %>%
  ggplot(aes(word, n)) +
  geom_col() +
  coord_flip() +
  facet_wrap(~ sentiment, scales = "free") +
  ylab("Frequency of this word in the recent financial articles")
```

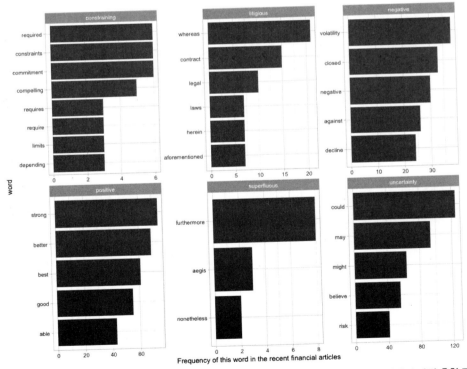

그림 5-7   로렌-맥도널드 용어집에 나오는 여섯 가지 정서, 그리고 각기 관련된 금융 뉴스 기사에서 가장 흔한 단어

(기존에 우리가 사용해 왔던 방식보다는) 이런 방식(그림 5-7)으로 정서를 표현하는 편이 더 합리적으로 보인다. 흔한 긍정 단어에는 'strong'과 'better'가 포함되지만, 'shares' 또는 'growth'는 포함되지 않고, 부정 단어에는 'volatility'가 포함되지만 'fool'은 포함되지 않는다. 그 밖의 정서들도 합리적으로 보인다. **불확실성(uncertainty)**이라는 정서를 나타내는 가장 흔한 단어로는 'could(할 수 있다)'와 'may(할 수도 있다)'가 있다.

기사에 실린 정서에 가장 근접한 정서를 찾아내야 할 때에도 로렌 사전을 신뢰할 만하다는 점을 알게 되었으므로, 이제 우리는 각 말뭉치에서 각 정서 관련 단어의 사용 횟수를 계산하는 전형적인 방법을 사용할 수 있다.

```
stock_sentiment_count <- stock_tokens %>%
  inner_join(get_sentiments("loughran"), by = "word") %>%
  count(sentiment, company) %>%
  spread(sentiment, n, fill = 0)

stock_sentiment_count

## # A tibble:    9 × 7
##      company constraining litigious negative positive superfluous uncertainty
## *      <chr>        <dbl>     <dbl>    <dbl>    <dbl>       <dbl>       <dbl>
## 1      Amazon           7         8       84      144           3          70
## 2       Apple           9        11      161      156           2         132
## 3    Facebook           4        32      128      150           4          81
## 4      Google           7         8       60      103           0          58
## 5         IBM           8        22      147      148           0         104
## 6   Microsoft           6        19       92      129           3         116
## 7     Netflix           4         7      111      162           0         106
## 8     Twitter           4        12      157       79           1          75
## 9       Yahoo           3        28      130       74           0          71
```

어떤 회사가 논쟁적(litigious)이거나 불확실한(uncertain) 용어들이 들어 있는 뉴스를 가장 많이 내는지를 검토하는 게 흥미로울 것 같다. 가장 간단한 방법은 2장에서 우리가 해 보았던 대부분의 분석과 마찬가지로 뉴스가 긍정적인지 부정적인지 확인하는 것이다. 정서의 일반적인 정량화 척도로서 우리는 '(긍정 − 부정) / (긍정 + 부정)' 꼴로 된 식, 즉 (positive − negative) / (positive + negative)라는 식(그림 5-8)을 사용할 것이다.

```
stock_sentiment_count %>%
  mutate(score = (positive - negative) / (positive + negative)) %>%
  mutate(company = reorder(company, score)) %>%
  ggplot(aes(company, score, fill = score > 0)) +
```

```
geom_col(show.legend = FALSE) +
coord_flip() +
labs(x = "Company",
     y = "Positivity score among 20 recent news articles")
```

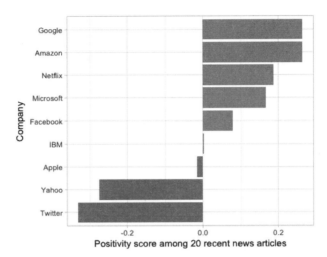

그림 5-8　2017년 1월 각 회사의 최신 뉴스 20개에 나오는 긍정 단어와 부정 단어를 사용해 (긍정 – 부정) / (긍정 + 부정)으로 계산된 각 주식 관련 뉴스 보도의 '긍정성'

이 분석에 따르면 2017년 1월 야후와 트위터의 대부분이 강력하게 부정적이었으며, 구글과 아마존의 보도가 가장 긍정적이었다. 현재의 재무 관련 기사의 헤드라인을 훑어보면 분석이 올바른 방향으로 진행되고 있음을 알 수 있다. 추가 분석에 관심이 있다면 R의 많은 정량적 금융 패키지 중 하나를 사용해 이 기사를 최근 주가 및 기타 계량 기준과 비교할 수 있다.

요약

텍스트 분석을 할 때에는 다양한 도구로 작업해야 하지만, 상당히 많은 도구들에서는 입력과 출력을 정돈 형식으로 처리하지 않는다. 그래서 이번 장에서는 정돈 텍스트 데이터 프레임과 희소 문서-용어 행렬을 변환하는 방법과 문서 메타데이터가 포함된 Corpus 객체를 정돈하는 방법을 설명했다. 다음 장에서는 문서-용어 행렬을 입력으로 요구하는 패키지인 topicmodels의 또 다른 주목할 만한 예를 보여 줄 것이다. 이 변환 도구는 텍스트 분석의 필수적인 부분임을 보여 준다.

6

토픽 모델링

텍스트 마이닝을 할 때면 우리는 종종 블로그 글들이나 뉴스 기사들과 같은 문서 모음집을 지니게 되는데, 우리는 이러한 문서 모음집을 자연스러운 구분 기준에 따라 무리 지어 둠으로써 각 무리(즉, 그룹)를 따로따로 이해할 수 있게 되기를 바라게 된다. **토픽 모델링(topic modeling)**[1]은 우리가 찾고 있는 것이 무엇인지를 잘 모를 때조차 숫자 데이터를 군집으로 처리해 자연스러운 항목 그룹을 찾는 식으로, 문서들을 비지도 방식으로 분류하는 방법이다.

잠재 디리클레 할당(Latent Dirichlet allocation, LDA)은 토픽 모델을 **적합화(fit)**하는 데 특히 많이 사용되는 방법이다. 이 방법에서는 여러 단어가 섞여 토픽을 이루고, 여러 토픽이 섞여 문서를 이룬다고 본다. 따라서 자연 언어의 전형적인 사용 방식을 반영해, 문서를 개별 그룹별로 분리하기보다는 각 문서의 내용이 서로 '겹치게(overlap)' 해 둘 수 있다.

그림 6-1에서 보듯이 정돈 텍스트 원리를 사용해 이 책에서 사용한 것과 같은 일련의 정돈 도구로 토픽 모델링에 접근할 수 있다. 이번 장에서는 topicmodels 패키지(https://cran.r-project.org/package=topicmodels 단축 URL http://bit.ly/2sBP54m)의 LDA 객체, 특히 ggplot2 및 dplyr로 조작할 수 있도록 이러한 모델을 정돈하는 방법을 배우게 된다. 우리는 또한 여러 책에서 뽑아 낸 여러 개 장을 군집 처리하는 예제 하나를 다뤄 볼 텐데, 이때 텍스트 모델을 기반으로 도서 네 권의 차이점을 토픽 모델이 '학습'하는 모습을 볼 수 있다.

---

1 옮긴이 즉, 주제 모형화. 그러나 대부분 '토픽 모델링'이라고 부른다.

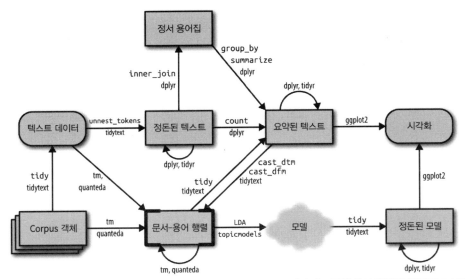

그림 6-1 토픽 모델링을 통합한 텍스트 분석의 순서도. topicmodels 패키지는 문서 용어 행렬을 입력으로 사용해 tidytext로 정돈할 수 있는 모델을 생성하므로 dplyr 및 ggplot2를 사용해 조작하고 시각화할 수 있다.

잠재 디리클레 할당

잠재 디리클레 할당은 토픽 모델링에 널리 쓰이는 알고리즘 중 하나다. 모델의 배경이 되는 수학에 뛰어들지 않아도 두 가지 원리를 따르면 이것을 이해할 수 있다.

모든 문서는 토픽들의 혼합체이다

우리는 각 문서에는 몇 가지 토픽에서 나온 단어가 특정 비율로 포함되어 있다고 생각한다. 예를 들어 2 토픽 모델(two-topic model, 즉 토픽이 두 가지인 모델)에서 '문서 1에서는 토픽 A가 90%를 차지하고 토픽 B가 10%를 차지하는 반면에, 문서 2에서는 토픽 A가 30%를 차지하고 토픽 B가 70%를 차지한다'는 식으로 말할 수 있다.

모든 토픽은 단어들의 혼합체이다

예를 들어 우리는 '정치'에 관한 토픽과 '연예'라는 토픽이 있는 두 가지 미국 뉴스를 상상해 볼 수 있다. 정치 토픽에서 가장 흔히 사용되는 단어는 '대통령', '의회' 및 '정부'가 될 수 있지만 연예라는 토픽에 가장 흔히 사용되는 단어는 '영화', '텔레비전' 및 '배우' 등일 것이다. 하지만 토픽들이 같은 단어를 공유할 수도 있다는 점이 중요하다(즉, 토픽이 달라도 같은 단어가 각 토픽에 공통으로 쓰일 수 있다는 점에 유념해야 한다). '예산'과 같은 단어가 두 토픽에서 같이 나타날 수 있다.

LDA는 이 두 가지 경우를 동시에 추정하는 수학적 방법이다. 우리는 이 LDA를 사용해서 각 토픽과 관련된 단어의 혼합체(mixture)가 무엇인지를 찾아낼 뿐만 아니라 각 문서를 설명하는 토픽의 혼합체가 무엇인지를 결정한다. 이 LDA 알고리즘을 미리 구현해 둔 게 여러 개 있으므로 우리는 그중에 하나를 깊이 탐구할 생각이다.

5장에서 우리는 `DocumentTermMatrix`의 예로서 topicmodels 패키지가 제공하는 `Associated Press` 데이터셋을 간략하게 소개했다. 이것은 미국의 한 통신사에서 1988년경에 주로 작성한 2,246개 뉴스 기사를 모아 둔 모음집이다.

```
library(topicmodels)

data("AssociatedPress")

AssociatedPress

## <<DocumentTermMatrix (documents: 2246, terms: 10473)>>
## Non-/sparse entries: 302031/23220327
## Sparsity          : 99%
## Maximal term length: 18
## Weighting          : term frequency (tf)
```

topicmodels 패키지의 LDA() 함수를 사용해 k = 2로 설정하면 2 토픽 LDA 모델을 만들 수 있다.

실제로는 거의 모든 k 값으로 더 큰 수치를 사용하겠지만, 우리는 이런 방식으로 먼저 분석을 해 본 다음에 곧 k 값을 키워 분석해 볼 것이다.

이 함수는 단어가 토픽과 연관되는 방식 및 토픽이 문서와 연관되는 방식과 같은 모델 적합성의 전체 세부 정보를 포함하는 객체를 반환한다.

```
# 시드(seed) 값을 정해 모델의 결과를 예측할 수 있게 하자.
ap_lda <- LDA(AssociatedPress, k = 2, control = list(seed = 1234))

ap_lda

## 토픽이 두 개인 LDA_VEM 토픽 모델
```

모델을 적합화하는 이 부분은 '쉬운 부분'이었다. 나머지 분석에는 **tidytext** 패키지의 정돈 기능을 사용해 모델을 탐색하고 해석하는 작업이 포함된다.

단어-토픽 확률

5장에서는 모델 객체를 정돈하기 위해 broom 패키지(Robinson 2017)의 `tidy()` 메서드를 도입했다. **tidytext** 패키지는 이 모델을 통해 β(베타)라고 부르는 **단어당 토픽당**(per-topic-per-word) **확률**을 추출하는 방법을 제공한다.

```
library(tidytext)

ap_topics <- tidy(ap_lda, matrix = "beta")

ap_topics

## # A tibble: 20,946 × 3
##    topic        term         beta
##    <int>       <chr>        <dbl>
## 1      1        aaron 1.686917e-12
## 2      2        aaron 3.895941e-05
## 3      1      abandon 2.654910e-05
## 4      2      abandon 3.990786e-05
## 5      1    abandoned 1.390663e-04
## 6      2    abandoned 5.876946e-05
## 7      1   abandoning 2.454843e-33
## 8      2   abandoning 2.337565e-05
## 9      1       abbott 2.130484e-06
## 10     2       abbott 2.968045e-05
## # ... with 20,936 more rows
```

이 코드가 모델을 **1행당 1용어, 1용어당 1토픽**(one-topic-per-term-per-row) 형식으로 바꾼 것을 주목하자. 각 조합에 대해 모델은 해당 토픽에서 생성되는 용어의 확률을 계산한다. 예를 들어 용어 'aaron'은 토픽 1에서 생성될 확률이 1.686917×10^{-12}이지만 토픽 2에서 생성되는 확률은 3.895941×10^{-5}이다.

dplyr의 `top_n()`을 사용해 각 토픽에서 가장 흔한 용어 열 개를 찾을 수 있다. 정돈 데이터 프레임이기 때문에 **ggplot2**로 시각화하기에 적합하다(그림 6-2).

```
library(ggplot2)
library(dplyr)

ap_top_terms <- ap_topics %>%
  group_by(topic) %>%
  top_n(10, beta) %>%
  ungroup() %>%
  arrange(topic, -beta)

ap_top_terms %>%
  mutate(term = reorder(term, beta)) %>%
  ggplot(aes(term, beta, fill = factor(topic))) +
  geom_col(show.legend = FALSE) +
  facet_wrap(~ topic, scales = "free") +
  coord_flip()
```

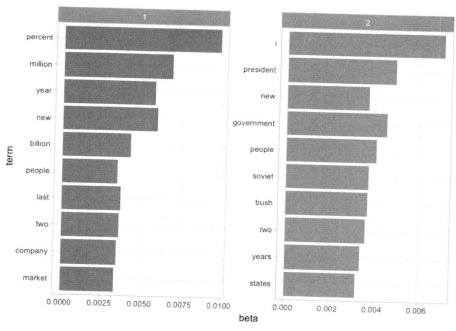

그림 6-2 각 토픽에서 가장 흔한 용어

이 시각화를 통해 기사에서 추출한 두 가지 토픽을 이해할 수 있다. 토픽 1에 가장 흔한 단어는 'percent(백분율)', 'million(백만)', 'billion(10억)' 및 'company(회사)'로 경제/경영 또는 금융 뉴스를 나타낼 수 있음을 나타낸다. 토픽 2에서 가장 흔하게 사용되는 용어는 'president(대통령)', 'government(정부)' 및 'soviet(소비에트)'를 포함하며 이 토픽은 정치 뉴스를 나타낸다. 각 토픽의 단어에 대한 중요한 관찰 중 하나는 'new(새로운)' 및 'people(사람)'과 같은 일부 단어가 두 토픽에 공통적으로 나타난다는 것이다. 이것은 **경질 군집화(hard clustering)[2]** 방법과 반대되는 토픽 모델링의 장점이다. 자연 언어로 사용되는 토픽인 경우에 토픽 간에 단어가 중복될 수 있기 때문이다.

대안으로 토픽 1과 토픽 2 사이의 베타(β) 값의 차(difference)가 가장 큰 용어들을 고려할 수 있다. 이는 두 로그 비율을 기반으로 추정할 수 있다.

$$\log_2 \left(\frac{\beta_2}{\beta_1} \right)$$

 로그 비율은 차(difference)를 대칭으로 만들기 때문에 유용하다. β_2가 두 배 더 크면 로그 비율은 1이 되고 β_1이 두 배 더 크면 -1이 된다.

특히 관련성 높은 단어 집합으로 제한하기 위해 적어도 하나의 토픽에서 1/1000보다 큰 단어와 같이 상대적으로 흔한 단어를 선별할 수 있다.

```
library(tidyr)

beta_spread <- ap_topics %>%
  mutate(topic = paste0("topic", topic)) %>%
  spread(topic, beta) %>%
  filter(topic1 > .001 | topic2 > .001) %>%
  mutate(log_ratio = log2(topic2 / topic1))

beta_spread

## # A tibble: 198 × 4
##              term       topic1        topic2     log_ratio
##             <chr>        <dbl>         <dbl>         <dbl>
## 1 administration 4.309502e-04 1.382244e-03     1.6814189
## 2            ago 1.065216e-03 8.421279e-04    -0.3390353
## 3      agreement 6.714984e-04 1.039024e-03     0.6297728
## 4            aid 4.759043e-05 1.045958e-03     4.4580091
## 5            air 2.136933e-03 2.966593e-04    -2.8486628
```

---

2 〔옮긴이〕 마땅한 번역어가 알려지지 않아 '경질'이라는 말을 붙였다. 그러므로 soft clustering은 연질 군집화라고 부를 수 있을 것이다. 토픽 모델링이 연질 군집화에 해당한다. 데이터 점이 한 군집에만 속하는 경우가 경질 군집화이고, 여러 군집에 속할 수 있는 경우가 연질 군집화다. 이 두 용어를 각기 '하드 군집화'와 '소프트 군집화' 또는 '하드 클러스터링'과 '소프트 클러스터링'이라고 부르기도 한다.

```
## 6            american 2.030497e-03 1.683884e-03  -0.2700405
## 7            analysts 1.087581e-03 5.779708e-07 -10.8778386
## 8                area 1.371397e-03 2.310280e-04  -2.5695069
## 9                army 2.622192e-04 1.048089e-03   1.9989152
## 10             asked 1.885803e-04 1.559209e-03   3.0475641
## # ... with 188 more rows
```

두 토픽 사이의 가장 큰 차이점을 가진 단어는 그림 6-3에서 시각화된다.

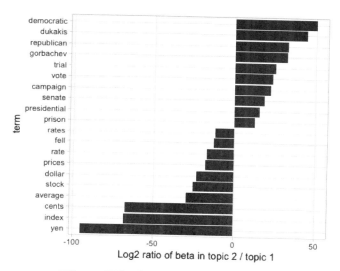

그림 6-3 토픽 2와 토픽 1의 β 차가 가장 큰 단어

우리는 토픽 2에서 더욱 흔한 단어가 'democratic'과 'republican'과 같은 정당과 'dukakis'와 'gorbachev'와 같은 정치인의 이름을 포함하고 있음을 볼 수 있다. 토픽 1은 'yen' 및 'dollar'와 같은 통화뿐만 아니라 'index', 'prices', 'rates'와 같은 재정적 용어들을 특징으로 한다. 이는 알 고리즘이 식별한 두 토픽이 정치 뉴스와 금융 뉴스라는 점을 확인하는 데 도움이 된다.

문서-토픽 확률

각 토픽을 단어의 혼합체라고 추정하는 일 외에도 LDA는 각 문서를 토픽의 혼합체인 것으로 보고 모델링을 한다. `tidy()`에서 `matrix = "gamma"` 인수를 사용해 γ(감마)라는 **토픽당 문 서당 확률**(per-document-per-topic probabilities)을 조사할 수 있다.

```
ap_documents <- tidy(ap_lda, matrix = "gamma")

ap_documents

## # A tibble: 4,492 × 3
##    document topic        gamma
##       <int> <int>        <dbl>
## 1         1     1 0.2480616686
## 2         2     1 0.3615485445
## 3         3     1 0.5265844180
## 4         4     1 0.3566530023
## 5         5     1 0.1812766762
## 6         6     1 0.0005883388
## 7         7     1 0.7734215655
## 8         8     1 0.0044516994
## 9         9     1 0.9669915139
## 10       10     1 0.1468904793
## # ... with 4,482 more rows
```

이러한 값들은 각기 해당 토픽으로부터 생성된 해당 문서의 단어 추정 비율이다. 예를 들어 문서 1의 단어 중 약 24.8%만 토픽 1에서 생성된다.

이 문서들 중 상당수는 두 토픽을 혼합해 작성한 것임을 알 수 있지만, 문서 6은 거의 전적으로 토픽 2에서 도출되었으며, 토픽 1에서 나온 γ는 0에 가깝다. 이 답변을 확인하기 위해 우리는 문서-용어 행렬을 tidy()로 처리하고(84쪽의 '문서-용어 행렬을 정돈하기' 절을 참조할 것) 해당 문서에서 가장 흔한 단어가 무엇인지를 확인해 볼 수 있을 것이다.

```
tidy(AssociatedPress) %>%
    filter(document == 6) %>%
    arrange(desc(count))

## # A tibble: 287 × 3
##    document           term count
##       <int>          <chr> <dbl>
## 1         6        noriega    16
## 2         6         panama    12
## 3         6        jackson     6
## 4         6         powell     6
## 5         6 administration     5
## 6         6       economic     5
## 7         6        general     5
## 8         6              i     5
## 9         6      panamanian     5
## 10        6       american     4
## # ... with 277 more rows
```

가장 흔한 단어를 바탕으로 추측하건대 이 문서는 미국 정부와 파나마 독재자 마누엘 노리에가(Manuel Noriega) 사이의 관계에 관한 기사인 것으로 보인다. 이는 알고리즘이 기사를 토픽 2(정치/국가 뉴스)에 배치하는 것이 옳았다는 것을 의미한다.

예제: 대도서관 강도

통계적 방법을 검토할 때 '정답'을 알고 있는 매우 단순한 경우에 통계적 방법을 시도하는 편이 더 유용할 수 있다. 예를 들어 네 개 개별 토픽과 관련이 있는 일련의 문서를 수집한 다음 토픽 모델링을 수행해 알고리즘이 네 개 그룹을 정확하게 구별할 수 있는지 여부를 확인할 수 있다. 이를 통해 이 방법이 유용하다는 점을 이중으로 확인할 수 있고, 언제 어떻게 잘못될 수 있는지에 대한 감각을 얻을 수 있다. 우리는 고전 문학 데이터 중 일부를 가지고 이를 시도할 것이다.

예술품 파괴자가 연구소에 침투해 네 권의 도서를 찢어 버린다고 가정해 보자.

- 『Great Expectations』 — Charles Dickens
- 『The War of the Worlds』 — H.G. Wells
- 『Twenty Thousand Leagues Under the Sea』 — Jules Verne
- 『Pride and Prejudice』 — Jane Austen

이렇게 파손되는 바람에 도서가 각 장별로 분해된 상태에서 큰 파일에 모두 담겨 있게 되었다고 하자. 어떻게 해야 이렇게 뒤섞인 장들을 원래의 도서로 복원할 수 있을까? 이런 문제는 각 장에 레이블이 지정되어 있지 않으므로 까다롭다. 각 장을 어떤 단어들을 기준으로 삼아 한 군데로 모을 수 있을지 모르기 때문이다. 따라서 우리는 토픽 모델링을 사용해 각 장이 어떻게 개별 토픽으로 군집화되는지를 알아낼 생각이다. 각 장은 (아마도) 도서들 중 한 개를 대표할 것이다.

우리는 3장에서 소개한 **gutenbergr** 패키지를 사용해 이 네 권의 도서에 담긴 텍스트를 검색할 것이다.

```
titles <- c("Twenty Thousand Leagues under the Sea", "The War of the Worlds",
            "Pride and Prejudice", "Great Expectations")
```

```
library(gutenbergr)

books <- gutenberg_works(title %in% titles) %>%
  gutenberg_download(meta_fields = "title")
```

전처리 과정에서 이들을 장별로 나누고 tidytext의 unnest_tokens()를 사용해 단어로 분
리한 다음 stop_words를 제거한다. 우리는 모든 장을 별도의 '문서'로 취급한다. 각 장은
Great Expectations_1 또는 Pride and Prejudice_11과 같은 이름으로 되어 있다(다른
응용 프로그램에서는 각 문서가 하나의 신문 기사 또는 하나의 블로그 게시물일 수 있다).

```
library(stringr)

# 각기 1개 장을 대표하는 문서들로 나눈다.
reg <- regex("^chapter ", ignore_case = TRUE)
by_chapter <- books %>%
  group_by(title) %>%
  mutate(chapter = cumsum(str_detect(text, reg))) %>%
  ungroup() %>%
  filter(chapter > 0) %>%
  unite(document, title, chapter)

# 단어들로 분리한다.
by_chapter_word <- by_chapter %>%
  unnest_tokens(word, text)

# 문서-단어 카운트를 알아낸다.
word_counts <- by_chapter_word %>%
  anti_join(stop_words) %>%
  count(document, word, sort = TRUE) %>%
  ungroup()

word_counts

## # A tibble: 104,721 × 3
##                     document    word     n
##                        <chr>   <chr> <int>
## 1     Great Expectations_57     joe    88
## 2      Great Expectations_7     joe    70
## 3     Great Expectations_17   biddy    63
## 4     Great Expectations_27     joe    58
## 5     Great Expectations_38 estella    58
## 6      Great Expectations_2     joe    56
## 7     Great Expectations_23  pocket    53
## 8     Great Expectations_15     joe    50
## 9     Great Expectations_18     joe    50
## 10 The War of the Worlds_16 brother    50
## # ... with 104,711 more rows
```

각 장의 LDA

이제는 우리 데이터 프레임 word_counts가 **1행당 1문서**, **1문서당 1용어**와 같이 정돈된 형태이지만, topicmodels 패키지에는 DocumentTermMatrix가 필요하다. 92쪽에 나오는 '**정돈 텍스트 데이터를 행렬에 캐스팅하기**'에서 설명한 것처럼 tidytext의 cast_dtm()을 사용해 **1행당 1토큰** 테이블을 DocumentTermMatrix로 캐스팅할 수 있다.

```
chapters_dtm <- word_counts %>%
  cast_dtm(document, word, n)

chapters_dtm

## <<DocumentTermMatrix (documents: 193, terms: 18215)>>
## Non-/sparse entries: 104721/3410774
## Sparsity              : 97%
## Maximal term length: 19
## Weighting             : term frequency (tf)
```

그런 다음 LDA() 함수를 사용해 네 가지 토픽 모델을 만들 수 있다. 이 경우에 우리는 도서가 네 권이었기 때문에 네 가지 토픽을 찾으려고 한다는 점을 알고 있다. 이번 경우에 다루는 문제가 아닌 다른 문제라면 k 값을 바꿔 시도해 보는 편이 좋다.

```
chapters_lda <- LDA(chapters_dtm, k = 4, control = list(seed = 1234))

chapters_lda

## A LDA_VEM topic model with 4 topics.
```

AP 통신사 데이터에서 했던 것처럼 우리는 단어당 토픽 확률을 조사할 수 있다.

```
chapter_topics <- tidy(chapters_lda, matrix = "beta")

chapter_topics

## # A tibble: 72,860 × 3
##    topic   term           beta
##    <int>   <chr>          <dbl>
## 1      1     joe 5.830326e-17
## 2      2     joe 3.194447e-57
## 3      3     joe 4.162676e-24
## 4      4     joe 1.445030e-02
```

```
## 5        1    biddy 7.846976e-27
## 6        2    biddy 4.672244e-69
## 7        3    biddy 2.259711e-46
## 8        4    biddy 4.767972e-03
## 9        1   estella 3.827272e-06
## 10       2   estella 5.316964e-65
## # ... with 72,850 more rows
```

이로 인해 모델이 **1행당 1용어**, **1용어당 1토픽** 형식으로 바뀐 점에 유념하자. 각 조합에 대해 모델은 해당 토픽에서 생성되는 용어의 확률을 계산한다. 예를 들어 'joe'라는 용어는 1, 2 또는 3 토픽에서 생성될 가능성이 거의 없지만 4 토픽에서는 1.45%가 된다.

dplyr의 top_n()을 사용해 각 토픽 내에서 상위 다섯 개 용어를 찾을 수 있다.

```
top_terms <- chapter_topics %>%
  group_by(topic) %>%
  top_n(5, beta) %>%
  ungroup() %>%
  arrange(topic, -beta)

top_terms

## # A tibble: 20 × 3
##    topic       term        beta
##    <int>      <chr>       <dbl>
## 1      1   elizabeth 0.014107538
## 2      1      darcy 0.008814258
## 3      1       miss 0.008706741
## 4      1     bennet 0.006947431
## 5      1       jane 0.006497512
## 6      2    captain 0.015507696
## 7      2   nautilus 0.013050048
## 8      2        sea 0.008850073
## 9      2       nemo 0.008708397
## 10     2        ned 0.008030799
## 11     3     people 0.006797400
## 12     3    martians 0.006512569
## 13     3       time 0.005347115
## 14     3      black 0.005278302
## 15     3      night 0.004483143
## 16     4        joe 0.014450300
## 17     4       time 0.006847574
## 18     4        pip 0.006817363
## 19     4     looked 0.006365257
## 20     4       miss 0.006228387
```

이 정돈된 출력은 **ggplot2** 시각화(그림 6-4)에 잘 어울린다.

```
library(ggplot2)

top_terms %>%
  mutate(term = reorder(term, beta)) %>%
  ggplot(aes(term, beta, fill = factor(topic))) +
  geom_col(show.legend = FALSE) +
  facet_wrap(~ topic, scales = "free") +
  coord_flip()
```

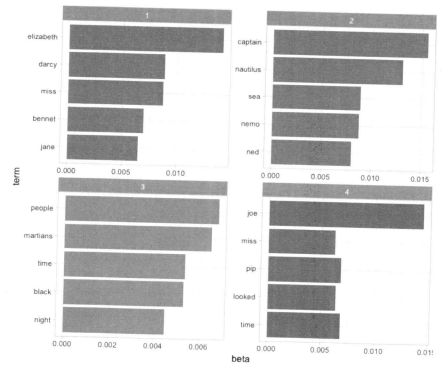

그림 6-4 각 토픽에서 가장 흔한 용어[3]

이 토픽들은 네 권의 도서와 아주 분명하게 연관되어 있다! 'captain', 'nautilus', 'sea', 'nemo'라는 (단어들로 이뤄진 혼합체가 가리키는) 토픽은 『Twenty Thousand Leagues Under the Sea』에 속한다. 'jane', 'darcy', 'elizabeth'라는 단어들은 모두 『Pride and Prejudice』에 속한다. 『Great Expectations』의 'pip'와 'joe', 그리고 『The War of the World』의 'martians', 'black', 'night'도 마

---

3 [옮긴이] 그림에 나타난 각 축의 이름의 의미는 다음과 같다. **term**: 용어, **beta**: 베타

찬가지다. 우리는 또한 LDA가 **퍼지 군집화(fuzzy clustering)** 방법에 따라, 토픽 1과 4의 'miss'와 토픽 3과 4의 'time'과 같은 여러 토픽 사이에 공통된 단어가 있을 수 있음을 발견했다.

문서당 분류

이 분석에서 각 문서는 1개 장을 나타낸다. 따라서 우리는 어떤 토픽이 각 문서와 관련되어 있는지 알고 싶을 수 있다. 우리는 각 장을 해당 도서에 정확히 끼워 맞출 수 있을까? 우리는 토픽별 문서당 확률인 γ(감마)를 검토함으로써 이를 발견할 수 있다.

```
chapters_gamma <- tidy(chapters_lda, matrix = "gamma")

chapters_gamma

## # A tibble: 772 × 3
##                      document topic       gamma
##                         <chr> <int>       <dbl>
## 1     Great Expectations_57       1 1.351886e-05
## 2      Great Expectations_7       1 1.470726e-05
## 3     Great Expectations_17       1 2.117127e-05
## 4     Great Expectations_27       1 1.919746e-05
## 5     Great Expectations_38       1 3.544403e-01
## 6       Great Expectations_2       1 1.723723e-05
## 7     Great Expectations_23       1 5.507241e-01
## 8     Great Expectations_15       1 1.682503e-02
## 9     Great Expectations_18       1 1.272044e-05
## 10 The War of the Worlds_16       1 1.084337e-05
## # ... with 762 more rows
```

이러한 값들은 각기 해당 토픽으로부터 생성된 해당 문서에서 비롯된 단어들의 추정 비율이다. 예를 들어 Great Expectations_57 문서의 각 단어가 토픽 1(『Pride and Prejudice』)에서 나올 확률이 0.00135%밖에 되지 않는다.

이제 우리는 이러한 토픽 확률을 얻었으므로 비지도 학습이 네 권의 도서를 구별하는 데 얼마나 효과적이었는지 알 수 있다. 도서 한 권을 이루는 각 장이 해당 토픽에서 대부분 (또는 전체적으로) 생성된다는 것을 알 수 있다.

우리는 먼저 제목과 장으로 문서 이름을 다시 분리한 다음에 각각에 대해 문서당 토픽당 확률을 시각화할 수 있다(그림 6-5).

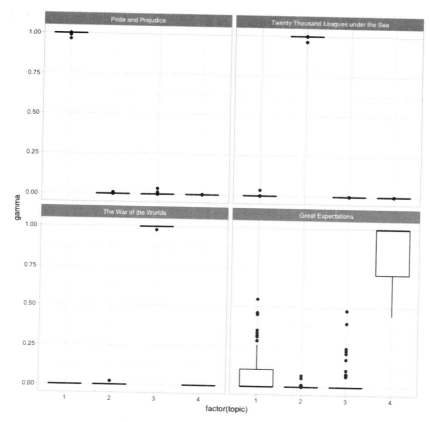

그림 6-5 각 도서 내의 각 장에 대한 감마 확률

```
chapters_gamma <- chapters_gamma %>%
  separate(document, c("title", "chapter"), sep = "_", convert = TRUE)

chapters_gamma

## # A tibble: 772 × 4
##
##                   title chapter topic           gamma
## *                 <chr>   <int> <int>           <dbl>
## 1         Great Expectations    57     1   1.351886e-05
## 2         Great Expectations     7     1   1.470726e-05
## 3         Great Expectations    17     1   2.117127e-05
## 4         Great Expectations    27     1   1.919746e-05
## 5         Great Expectations    38     1   3.544403e-01
## 6         Great Expectations     2     1   1.723723e-05
## 7         Great Expectations    23     1   5.507241e-01
## 8         Great Expectations    15     1   1.682503e-02
## 9         Great Expectations    18     1   1.272044e-05
## 10 The War of the Worlds    16     1   1.084337e-05
```

```
## # ... with 762 more rows

# 그림을 그리기 전에 토픽 1, 토픽 2 등의 순서에 따라 제목(title)의 순서를 바꾼다.
chapters_gamma %>%
  mutate(title = reorder(title, gamma * topic)) %>%
  ggplot(aes(factor(topic), gamma)) +
  geom_boxplot() +
  facet_wrap(~ title)
```

우리는 『Pride and Prejudice』, 『The War of the Worlds』와 『Twenty Thousand Leagues Under the Sea』의 거의 모든 장이 각기 하나의 토픽으로 고유하게 식별되었음을 알 수 있다.

『Great Expectations』(토픽 4일 것임)의 일부 장이 다른 토픽과 다소 연관되어 있는 것처럼 보인다. 1개 장과 가장 관련이 있는 토픽이 다른 도서에 속한 경우가 있는가? 첫째, 우리는 해당장의 '분류'인 top_n()을 사용해 각 장과 가장 관련이 있는 토픽을 찾을 수 있다.

```
chapter_classifications <- chapters_gamma %>%
  group_by(title, chapter) %>%
  top_n(1, gamma) %>%
  ungroup()

chapter_classifications

## # A tibble: 193 × 4
##                 title chapter topic      gamma
##                 <chr>   <int> <int>      <dbl>
## 1    Great Expectations    23     1  0.5507241
## 2    Pride and Prejudice   43     1  0.9999610
## 3    Pride and Prejudice   18     1  0.9999654
## 4    Pride and Prejudice   45     1  0.9999038
## 5    Pride and Prejudice   16     1  0.9999466
## 6    Pride and Prejudice   29     1  0.9999300
## 7    Pride and Prejudice   10     1  0.9999203
## 8    Pride and Prejudice    8     1  0.9999134
## 9    Pride and Prejudice   56     1  0.9999337
## 10   Pride and Prejudice   47     1  0.9999506
## # ... with 183 more rows
```

그렇게 한 다음에 우리는 그것들을 각 도서의 'consensus' 토픽(해당 장에서 가장 흔한 토픽)과 비교해 봄으로써 어떤 게 아주 자주 잘못 식별되고 있었는지를 알 수 있다.

```
book_topics <- chapter_classifications %>%
  count(title, topic) %>%
  group_by(title) %>%
  top_n(1, n) %>%
  ungroup() %>%
  transmute(consensus = title, topic)

chapter_classifications %>%
  inner_join(book_topics, by = "topic") %>%
  filter(title != consensus)

## # A tibble: 2 × 5
##                 title chapter topic     gamma           consensus
##                 <chr>   <int> <int>     <dbl>                <chr>
## 1 Great Expectations      23     1 0.5507241   Pride and Prejudice
## 2 Great Expectations      54     3 0.4803234 The War of the Worlds
```

LDA가 1개 장은 『Pride and Prejudice』 토픽(토픽 1)에서 나왔고, 1개 장은 『The War of the Worlds』(토픽 3)에서 나왔다고 설명했듯이, 우리는 『Great Expectations』의 2개 장만 잘못 분류한 것을 볼 수 있다. 이 정도는 비지도 군집화치고는 나쁜 편이 아니다!

단어별 할당: augment

LDA 알고리즘 중 한 단계는 각 문서의 각 단어를 토픽에 할당(assigning)하는 것이다. 문서 내더 많은 단어가 해당 토픽에 할당되면 일반적으로 더 많은 가중치(즉, 감마)가 해당 문서-토픽 분류에 부여된다.

원본 문서-단어 쌍을 가져와서 각 문서에서 어떤 단어가 어떤 토픽에 할당되었는지 찾아야 할 때가 있다. 이것은 broom 패키지에서 나온 augment() 함수가 하는 일인데, 이 함수는 모델 출력을 정돈하는 메서드다. tidy()가 모델의 통계 구성 요소를 탐색하는 반면에, augment()는 모델을 사용해 원본 데이터의 각 관측에 정보를 추가한다.

```
assignments <- augment(chapters_lda, data = chapters_dtm)

assignments

## # A tibble: 104,721 × 4
##                 document  term count .topic
##                    <chr> <chr> <dbl>  <dbl>
## 1  Great Expectations_57   joe    88      4
## 2   Great Expectations_7   joe    70      4
## 3  Great Expectations_17   joe     5      4
```

```
## 4   Great Expectations_27    joe    58        4
## 5    Great Expectations_2    joe    56        4
## 6   Great Expectations_23    joe     1        4
## 7   Great Expectations_15    joe    50        4
## 8   Great Expectations_18    joe    50        4
## 9    Great Expectations_9    joe    44        4
## 10  Great Expectations_13    joe    40        4
## # ... with 104,711 more rows
```

이렇게 하면 도서-용어(book-term) 카운트들로 구성된 정돈 데이터 프레임이 반환되지만, 각 용어가 각 문서 내에서 할당된 토픽과 함께 추가 열인 .topic이 추가된다. (augment 가 추가한 여분의 열 이름은 항상 점(.)으로 시작하므로 기존 열 이름과 겹치지 않는다.) 우리는 이 assignments 테이블을 consensus라는 도서 이름과 결합해 어떤 단어가 잘못 분류되었는지 를 찾을 수 있다.

```
assignments <- assignments %>%
  separate(document, c("title", "chapter"), sep = "_", convert = TRUE) %>%
  inner_join(book_topics, by = c(".topic" = "topic"))

assignments

## # A tibble: 104,721 × 6
##                    title chapter   term count .topic          consensus
##                    <chr>   <int>  <chr> <dbl>  <dbl>              <chr>
## 1  Great Expectations       57    joe    88      4 Great Expectations
## 2  Great Expectations        7    joe    70      4 Great Expectations
## 3  Great Expectations       17    joe     5      4 Great Expectations
## 4  Great Expectations       27    joe    58      4 Great Expectations
## 5  Great Expectations        2    joe    56      4 Great Expectations
## 6  Great Expectations       23    joe     1      4 Great Expectations
## 7  Great Expectations       15    joe    50      4 Great Expectations
## 8  Great Expectations       18    joe    50      4 Great Expectations
## 9  Great Expectations        9    joe    44      4 Great Expectations
## 10 Great Expectations       13    joe    40      4 Great Expectations
## # ... with 104,711 more rows
```

진짜 도서(title)와 그것에 할당된 도서(consensus)의 조합은 더 많은 탐색을 해야 할 때 유용 하다. 예를 들어 dplyr의 count() 및 ggplot2의 geom_tile(그림 6-6)을 사용해 한 도서의 단 어가 다른 단어에 할당된 빈도를 보여 주는 **혼동 행렬(confusion matrix)**을 시각화할 수 있다.[4]

---

4 [옮긴이] 다음 쪽의 코드를 실행할 때 percent_format( ) 함수를 찾을 수 없다는 오류가 생길 수 있는데, 이럴 때는 코드 앞부분에 서 먼저 library(scales)를 실행해 주면 된다.

```
assignments %>%
  count(title, consensus, wt = count) %>%
  group_by(title) %>%
  mutate(percent = n / sum(n)) %>%
  ggplot(aes(consensus, title, fill = percent)) +
  geom_tile() +
  scale_fill_gradient2(high = "red", label = percent_format()) +
  theme_minimal() +
  theme(axis.text.x = element_text(angle = 90, hjust = 1),
        panel.grid = element_blank()) +
  labs(x = "Book words were assigned to",
       y = "Book words came from",
       fill = "% of assignments")
```

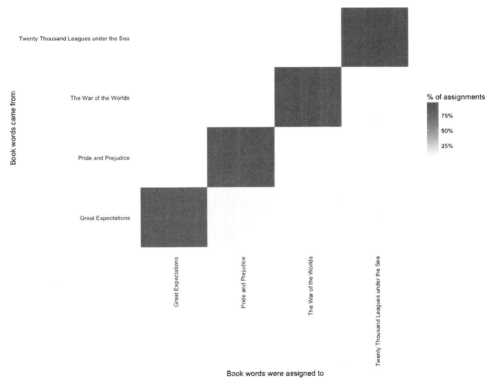

그림 6-6 **LDA가 각 도서의 단어를 할당한 곳을 보여 주는 혼동 행렬. 이 표의 각 행은 각 단어의 출현 사실을 나타내고 각 열은 배정된 도서를 나타낸다.**

우리는 『Pride and Prejudice』와 『Twenty Thousand Leagues Under the Sea』는 거의 확실하게 할당되었지만, 『Great Expectations』에는 상당한 수의 오용된 단어가 있음을 발견했다(위에서 보았듯이 2개 장이 잘못 분류됨).

가장 일반적으로 잘못된 단어는 무엇인가?

```r
wrong_words <- assignments %>%
  filter(title != consensus)

wrong_words
```

```
## # A tibble: 4,535 × 6
##                                   title chapter     term count .topic
##                                   <chr>   <int>    <chr> <dbl>  <dbl>
## 1                     Great Expectations      38  brother     2      1
## 2                     Great Expectations      22  brother     4      1
## 3                     Great Expectations      23     miss     2      1
## 4                     Great Expectations      22     miss    23      1
## 5  Twenty Thousand Leagues under the Sea       8     miss     1      1
## 6                     Great Expectations      31     miss     1      1
## 7                     Great Expectations       5 sergeant    37      1
## 8                     Great Expectations      46  captain     1      2
## 9                     Great Expectations      32  captain     1      2
## 10                    The War of the Worlds    17  captain     5      2
##                                 consensus
##                                     <chr>
## 1                       Pride and Prejudice
## 2                       Pride and Prejudice
## 3                       Pride and Prejudice
## 4                       Pride and Prejudice
## 5                       Pride and Prejudice
## 6                       Pride and Prejudice
## 7                       Pride and Prejudice
## 8  Twenty Thousand Leagues under the Sea
## 9  Twenty Thousand Leagues under the Sea
## 10 Twenty Thousand Leagues under the Sea
## # ... with 4,525 more rows
```

```r
wrong_words %>%
    count(title, consensus, term, wt = count) %>%
    ungroup() %>%
    arrange(desc(n))
```

```
## # A tibble: 3,500 × 4
##                title            consensus     term     n
##                <chr>                <chr>    <chr> <dbl>
## 1 Great Expectations   Pride and Prejudice     love    44
## 2 Great Expectations   Pride and Prejudice sergeant    37
## 3 Great Expectations   Pride and Prejudice     lady    32
## 4 Great Expectations   Pride and Prejudice     miss    26
## 5 Great Expectations The War of the Worlds     boat    25
## 6 Great Expectations   Pride and Prejudice   father    19
## 7 Great Expectations The War of the Worlds    water    19
```

```
## 8  Great Expectations    Pride and Prejudice    baby     18
## 9  Great Expectations    Pride and Prejudice    flopson  18
## 10 Great Expectations    Pride and Prejudice    family   16
## # ... with 3,490 more rows
```

『Great Expectations』에 등장할 때조차 많은 단어가 『Pride and Prejudice』나 『War of the Worlds』에 할당되었다는 것을 알 수 있다. 'love'와 'lady'와 같은 단어 중 일부는 『Pride and Prejudice』에 더 흔하기 때문이다(개수를 조사해 확인할 수 있다).

다른 한편으로 잘못 인용된 소설에는 결코 등장하지 않는 몇 가지 잘못 분류된 단어가 있다. 예를 들어 'flopson'은 『Pride and Prejudice』 군집에 배정되었음에도 불구하고 『Great Expectations』에서만 나타난다.

```
word_counts %>%
  filter(word == "flopson")

## # A tibble: 3 × 3
##                   document   word    n
##                      <chr>  <chr> <int>
## 1 Great Expectations_22 flopson   10
## 2 Great Expectations_23 flopson    7
## 3 Great Expectations_33 flopson    1
```

LDA 알고리즘은 확률적이기 때문에 여러 도서에 걸쳐 있는 토픽에 우연히 도달할 수 있다.

대체 LDA 구현

topicmodels 패키지의 LDA() 함수는 잠재 디리클레 할당 알고리즘의 구현 중 하나다. 예를 들어 mallet(https://cran.r-project.org/package=mallet 단축 URL http://bit.ly/2FxlVvC) 패키지(Mimno 2013)는 텍스트 분류 도구인, 말렛(MALLET(http://mallet.cs.umass.edu/))이라는 자바 패키지를 포장한 래퍼를 구현하고 tidytext 패키지는 이 모델 출력을 위한 계층을 제공한다.

mallet 패키지는 입력 형식에 대해 다소 다른 접근법을 취한다. 예를 들어 토큰화되지 않은 문서를 가지고 토큰화 자체를 수행하며, 별도의 불용어 파일이 필요하다.

즉, LDA를 수행하기 전에 텍스트를 각 문서에 대해 하나의 문자열로 축소해야 한다는 뜻이다.

```
library(mallet)

# 1개 장당 1개 문자열을 사용해 벡터를 생성한다.
collapsed <- by_chapter_word %>%
  anti_join(stop_words, by = "word") %>%
  mutate(word = str_replace(word, "'", "")) %>%
  group_by(document) %>%
  summarize(text = paste(word, collapse = " "))

# 불용어를 넣을 빈 파일을 생성한다.
file.create(empty_file <- tempfile())
docs <- mallet.import(collapsed$document, collapsed$text, empty_file)

mallet_model <- MalletLDA(num.topics = 4)
mallet_model$loadDocuments(docs)
mallet_model$train(100)
```

그러나 일단 모델이 생성되면 나머지 장에서 설명된 tidy() 및 augment() 함수를 거의 동일한 방법으로 사용할 수 있다. 여기에는 각 문서 내에서 각 토픽 또는 단어 내의 단어 확률 추출이 포함된다.

```
# 단어-토픽 쌍들
tidy(mallet_model)

# 문서-토픽 쌍들
tidy(mallet_model, matrix = "gamma")

# 'augment'에 대한 열의 이름이 'term'으로 되어야 한다.
term_counts <- rename(word_counts, term = word)
augment(mallet_model, term_counts)
```

우리는 ggplot2를 사용해 LDA 출력과 동일한 방식으로 모델을 탐색하고 시각화할 수 있을 것이다.

요약

이번 장에서는 일련의 문서를 특징짓는 단어 군집을 찾기 위한 토픽 모델링을 소개하고, tidy() 동사가 dplyr 및 ggplot2를 사용해 이러한 모델을 탐색하고 이해하는 방법을 보여 줬다. 이는 모델 탐색에 대한 정돈된 접근법의 장점 중 하나다. 다양한 출력 형식의 문제를 정돈 함수들이 처리하고, 표준 도구 모음을 사용해 모델 결과를 탐색할 수 있다는 장점 말이다. 우리는 특히 토픽 모델링을 통해 네 개의 개별 도서와 장을 구분하고 구별할 수 있다는 점을 보았고, 잘못 지정된 단어와 장을 찾아보면서 모델의 한계점을 탐구했다.

7

사례 연구: 트위터 아카이브 비교

많은 관심을 끄는 한 가지 유형의 텍스트는 트위터를 통해 온라인으로 공유되는 텍스트다. 사실 이 책에 사용된 (그리고 일반적으로 널리 사용되는) 정서 용어집 중 일부는 트윗과 함께 사용해 트윗의 유효성을 검증하도록 설계되었다. 이 책의 저자인 줄리아(https://twitter.com/juliasilge)와 데이비드(https://twitter.com/drob)는 모두 트위터를 하며, 일반적인 사용자이므로 이번 사례 연구에서는 두 저자의 전체 트위터 아카이브를 비교해 보자.

데이터 및 트위터 분포 얻기

트위터 사용자는 트위터 웹 사이트에서 제공하는(https://support.twitter.com/articles/20170160) 안내에 따라 자신의 트위터 아카이브를 다운로드할 수 있다. 우리는 각기 자신의 트위터를 다운로드했고 지금 그것을 열 것이다. lubridate 패키지를 사용해 문자열 타임스탬프(timestamp)를 날짜/시간 객체로 변환하고 전반적으로 트윗 패턴 전체를 살펴보자(그림 7-1).[1]

---

[1] 옮긴이 여기서 사용하는 트위터 데이터는 이 책의 깃허브 저장소(https://github.com/dgrtwo/tidy-text-mining 단축URL http://bit.ly/2MiWX3Q)의 data 폴더에 들어 있다. 그러므로 깃허브에서 내려받은 후에 압축 파일을 풀어 나온 **data** 폴더 자체를 작업 디렉터리 안에 두면 될 것이다.

```
library(lubridate)
library(ggplot2)
library(dplyr)
library(readr)

tweets_julia <- read_csv("data/tweets_julia.csv")
tweets_dave <- read_csv("data/tweets_dave.csv")
tweets <- bind_rows(tweets_julia %>%
                      mutate(person = "Julia"),
                    tweets_dave %>%
                      mutate(person = "David")) %>%
  mutate(timestamp = ymd_hms(timestamp))

ggplot(tweets, aes(x = timestamp, fill = person)) +
  geom_histogram(position = "identity", bins = 20, show.legend = FALSE) +
  facet_wrap(~person, ncol = 1)
```

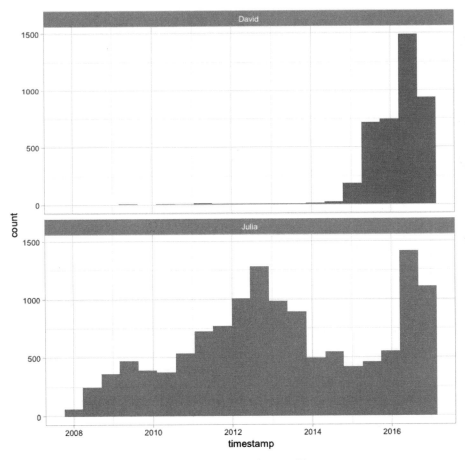

그림 7-1 우리 계정의 모든 트윗

데이비드와 줄리아는 현재 거의 같은 속도로 트위터에 글을 올리고 있으며, 서로 1년 정도 시차를 두고 트위터에 합류했지만, 데이비드가 트위터에서 활동하지 않은 약 5년 동안 줄리아는 활동을 했다. 그러므로 전체적으로 보면 줄리아가 데이비드보다 네 배 정도 더 많이 트윗을 한 셈이다.

단어 빈도

unnest_tokens()를 사용해 트위터의 모든 단어에 대해 정돈 데이터 프레임을 만들고 흔한 영어 불용어를 삭제해 보자. 사람들이 트위터에서 텍스트를 사용하는 방식에는 일정한 관례가 있으므로, 우리는 여기에 있는 우리 저자들의 텍스트로 조금 더 많은 작업(예를 들어 구텐베르크 프로젝트에서 가져온 서사적 텍스트에서 했던 것보다는 더 많은 작업)을 할 생각이다.

첫째, 우리는 이 데이터셋에서 리트윗을 제거해 우리가 직접 작성한 트윗만 남게 할 생각이다. 그런 다음 mutate() 줄이 링크를 제거하고 앰퍼샌드(&) 등과 같이 원하지 않는 일부 문자를 지운다.

 unnest_tokens()를 호출할 때, 우리는 단 하나의 유니그램(단어)을 찾는 대신 정규 표현식 패턴을 사용해 중첩을 해제한다. 이 정규 표현식 패턴은 트위터 텍스트를 처리하는 데 매우 유용하다. 이 패턴은 @symbol을 사용해 해시 태그와 사용자 이름을 유지한다.

이러한 유형의 기호가 텍스트에 들어 있으므로 간단히 anti_join()을 사용해 불용어를 제거할 수는 없다. 대신 stringr 패키지에서 str_detect()를 사용하는 filter() 줄에 보이는 접근법을 사용할 수 있다.

```
library(tidytext)
library(stringr)

replace_reg1 <- "https://t.co/[A-Za-z\\d]+|"
replace_reg2 <- "http://[A-Za-z\\d]+|&amp;|&lt;|&gt;|RT|https"
replace_reg <- paste0(replace_reg1, replace_reg2)
unnest_reg <- "([^A-Za-z_\\d#@']|'(?![A-Za-z_\\d#@]))"
tidy_tweets <- tweets %>%
  filter(!str_detect(text, "^RT")) %>%
  mutate(text = str_replace_all(text, replace_reg, "")) %>%
```

```
unnest_tokens(word, text, token = "regex", pattern = unnest_reg) %>%
filter(!word %in% stop_words$word,
       str_detect(word, "[a-z]"))
```

이제 우리는 각 사람에 대한 단어 빈도를 계산할 수 있다. 먼저 사람별로 그룹화하고 각 사람이 각 단어를 몇 번이나 사용했는지 계산한다. 그런 다음 left_join()을 사용해 각 사람이 사용하는 총단어 개수 열을 추가한다(줄리아가 데이비드보다 트윗을 더 많이 작성하므로 줄리아의 것이 데이비드의 것보다 많다). 마지막으로 각 사람과 각 단어의 빈도를 계산한다.

```
frequency <- tidy_tweets %>%
    group_by(person) %>%
    count(word, sort = TRUE) %>%
    left_join(tidy_tweets %>%
                  group_by(person) %>%
                  summarise(total = n())) %>%
    mutate(freq = n/total)

frequency

## Source: local data frame [20,736 x 5]
## Groups: person [2]
##
##    person          word     n total        freq
##     <chr>         <chr> <int> <int>        <dbl>
## 1   Julia          time   584 74572 0.007831358
## 2   Julia    @selkie1970   570 74572 0.007643620
## 3   Julia      @skedman   531 74572 0.007120635
## 4   Julia           day   467 74572 0.006262404
## 5   Julia          baby   408 74572 0.005471222
## 6   David @hadleywickham   315 20161 0.015624225
## 7   Julia          love   304 74572 0.004076597
## 8   Julia  @haleynburke   299 74572 0.004009548
## 9   Julia         house   289 74572 0.003875449
## 10  Julia       morning   278 74572 0.003727941
## # ... with 20,726 more rows
```

이것도 훌륭하고 정돈된 데이터 프레임이기는 하지만 우리는 사실 이러한 빈도를 그래프의 x 축과 y 축에 표시하려고 하므로 tidyr에서 spread()를 사용해 다른 형태의 데이터 프레임을 만들어야 한다.

```
library(tidyr)

frequency <- frequency %>%
  select(person, word, freq) %>%
  spread(person, freq) %>%
  arrange(Julia, David)

frequency

## # A tibble: 17,640 × 3
##                 word       David        Julia
##                <chr>       <dbl>        <dbl>
## 1                 's 4.960071e-05 1.340986e-05
## 2  @accidental__art 4.960071e-05 1.340986e-05
## 3        @alice_data 4.960071e-05 1.340986e-05
## 4         @alistaire 4.960071e-05 1.340986e-05
## 5        @corynissen 4.960071e-05 1.340986e-05
## 6       @jennybryan's 4.960071e-05 1.340986e-05
## 7            @jsvine 4.960071e-05 1.340986e-05
## 8      @lizasperling 4.960071e-05 1.340986e-05
## 9         @ognyanova 4.960071e-05 1.340986e-05
## 10        @rbloggers 4.960071e-05 1.340986e-05
## # ... with 17,630 more rows
```

이제 그래프를 그릴 준비가 되었다. `geom_jitter()`를 사용해 빈도가 낮은 곳에서도 이산되어 보이지 않도록 하고, `check_overlap = TRUE`로 설정해 텍스트 레이블이 겹쳐서 표시되지 않도록 하자(일부만 표시된다. 그림 7-2 참조).

```
library(scales)

ggplot(frequency, aes(Julia, David)) +
  geom_jitter(alpha = 0.1, size = 2.5, width = 0.25, height = 0.25) +
  geom_text(aes(label = word), check_overlap = TRUE, vjust = 1.5) +
  scale_x_log10(labels = percent_format()) +
  scale_y_log10(labels = percent_format()) +
  geom_abline(color = "red")
```

그림 7-2에 그어진 선 근처에 있는 단어는 데이비드와 줄리아가 거의 동일한 빈도로 사용하는 반면, 선에서 멀리 떨어진 단어는 상대방에 비해서 각자가 훨씬 더 많이 사용하는 단어다. 이 그림에 나타나는 단어, 해시 태그 및 사용자 이름은 트윗에서 적어도 한 번 이상 사용된 단어다.

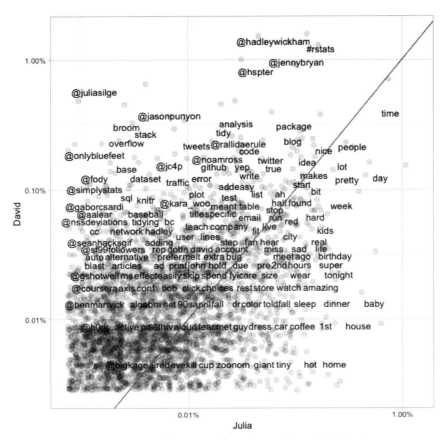

그림 7-2 줄리아(Julia)와 데이비드(David)가 사용한 단어의 빈도 비교

굳이 언급하지 않아도 되겠지만, 이런 그림이 나온 이유는 데이비드와 줄리아가 지난 몇 년 동
안 서로 다른 방식으로 트위터 계정을 사용해 왔기 때문이다. 데이비드는 자신의 트위터 계정
을 거의 전문적인 목적으로만 사용하며 활발하게 활동한 반면, 줄리아는 2015년까지 완전히
개인적인 목적으로 사용했으며 여전히 데이비드보다 사적인 용도로 더 많이 사용한다. 그림
7-2에서 단어별 빈도를 탐색하다 보면 이러한 차이점을 곧바로 알아낼 수 있을 것이다. 이번
장의 나머지 부분에서도 계속 차이점을 알게 될 것이다.

단어 용도 비교

우리는 전체 트위터 사용 이력을 대상으로 삼아 상대적으로 가공 처리를 덜 한 채로 단어 빈도를 비교하는 그림을 그렸다. 그렇지만 이번에는 **로그 오즈비(log odds ratio, 로그 승산비)**를 사용해 각자의 계정에서 어느 단어가 더 나올지 또는 덜 나올지를 알아보자. 먼저 분석 방향을 2016년에 데이비드와 줄리아가 보낸 트윗으로만 제한하자. 데이비드는 2016년 한 해 동안 트위터에서 꾸준히 활발히 활동했으며, 같은 시기에 줄리아는 데이터 과학 분야로 전환해 경력을 쌓았다.

```
tidy_tweets <- tidy_tweets %>%
  filter(timestamp >= as.Date("2016-01-01"),
         timestamp < as.Date("2017-01-01"))
```

다음으로 str_detect()를 사용해 word 열에서 트위터 사용자 이름을 제거하자. 그렇지 않으면 이 결과가 오직 줄리아나 데이비드가 아는 사람에 의해서만 지배되게 되고, 그렇지 않은 사람들은 결과에 영향을 끼치지 못하게 되기 때문이다. 이름을 제거한 후에는 각 사람이 각 단어를 몇 번이나 사용했는지 계산하고 10회 이상 사용한 단어만 유지한다. spread() 연산후, 우리는 다음을 사용해 각 단어에 대한 로그 오즈비를 계산할 수 있다.

$$\text{로그 오즈비} = \ln\left(\frac{\left[\frac{n+1}{\text{전체}+1}\right]_{\text{데이비드}}}{\left[\frac{n+1}{\text{전체}+1}\right]_{\text{줄리아}}}\right)$$

여기서 n은 각 사람이 해당 단어를 사용한 횟수이고, 합계는 각 사람의 총단어를 나타낸다.

```
word_ratios <- tidy_tweets %>%
  filter(!str_detect(word, "^@")) %>%
  count(word, person) %>%
  filter(sum(n) >= 10) %>%
  ungroup() %>%
  spread(person, n, fill = 0) %>%
  mutate_if(is.numeric, funs((. + 1) / sum(. + 1))) %>%
  mutate(logratio = log(David / Julia)) %>%
  arrange(desc(logratio))
```

2016년에 데이비드나 줄리아의 계정에서 똑같이 나올 가능성이 있는 단어는 무엇인가?

```
word_ratios %>%
  arrange(abs(logratio))

## # A tibble: 377 × 4
##           word      David      Julia    logratio
##          <chr>      <dbl>      <dbl>       <dbl>
## 1          map 0.002321655 0.002314815 0.002950476
## 2        email 0.002110595 0.002083333 0.013000812
## 3         file 0.002110595 0.002083333 0.013000812
## 4        names 0.003799071 0.003703704 0.025423332
## 5      account 0.001688476 0.001620370 0.041171689
## 6          api 0.001688476 0.001620370 0.041171689
## 7     function 0.003376952 0.003240741 0.041171689
## 8   population 0.001688476 0.001620370 0.041171689
## 9          sad 0.001688476 0.001620370 0.041171689
## 10       words 0.003376952 0.003240741 0.041171689
## # ... with 367 more rows
```

우리는 서로 map, email, api 및 function에 관해 거의 같이 트윗할 가능성이 있었다.

어느 단어가 줄리아의 기록이나 데이비드의 기록에 있을 가능성이 가장 높은가? 각 계정별로 가장 독특한 상위 열다섯 개의 단어를 가져와서 그림 7-3으로 표시해 보자.

```
word_ratios %>%
  group_by(logratio < 0) %>%
  top_n(15, abs(logratio)) %>%
  ungroup() %>%
  mutate(word = reorder(word, logratio)) %>%
  ggplot(aes(word, logratio, fill = logratio < 0)) +
  geom_col(show.legend = FALSE) +
  coord_flip() +
  ylab("log odds ratio (David/Julia)") +
  scale_fill_discrete(name = "", labels = c("David", "Julia"))
```

그림 7-3을 보면 데이비드는 자신이 참석한 특정 회의나 gene(유전자), Stack Overflow(스택 오버플로), matrix(행렬)에 대해 트윗을 했고 줄리아는 Utah(유타 대학교), Physics(물리학), Census data(인구통계 자료), Christmas(크리스마스) 및 그녀의 가족에 대해 트윗을 했다는 점을 알 수 있다.

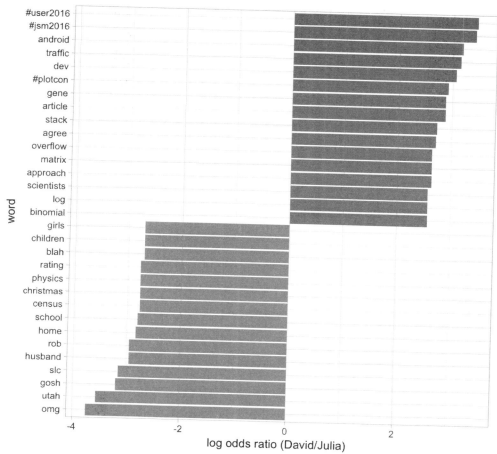

그림 7-3 우리 계정에서 가져온 단어의 오즈비를 비교[2]

단어 사용 변화

위의 절에서는 전반적인 단어 사용 습관을 살펴보았지만 이번에는 다른 질문을 해 보자. 트위터 피드에서 어떤 단어 빈도가 가장 빠르게 변경되었는가? 다시 말해서, 어떤 단어의 시간별 트윗 비율이 커지거나 작아졌는가? 이 질문에 답변할 수 있게 우리는 각 트윗이 게시된 시간 단위를 정의하는 새로운 시간 변수를 데이터 프레임에서 정의할 것이다. lubridate 패키지의 `floor_date()`를 사용하면 이렇게 할 수 있다. 우리가 선택한 단위에 맞춰 올해 중 1개월이

---

2 **옮긴이** 이 그림에 나오는 각 축 이름은 다음과 같다. word: 단어, log odds ratio(David/Julia): 로그 오즈비(데이비드/줄리아)

라는 기간을 사용하면 올해 우리 둘의 트윗에 잘 들어맞는다.

시간 빈(time bins)³을 정의한 후에는 각 시간 빈에서 각 단어를 얼마나 많이 사용했는지를 세어 본다. 그런 다음에는 데이터 프레임에 열을 추가해 각 사람이 각 시간 빈에서 사용하는 총단어 수와, 각 단어가 각 사람에 의해 사용된 총횟수를 추가한다. 그런 다음 `filter()`를 사용해 최소 횟수 이상(이 경우 30회) 사용되는 단어만 골라낼 수 있다.

```
words_by_time <- tidy_tweets %>%
  filter(!str_detect(word, "^@")) %>%
  mutate(time_floor = floor_date(timestamp, unit = "1 month")) %>%
  count(time_floor, person, word) %>%
  ungroup() %>%
  group_by(person, time_floor) %>%
  mutate(time_total = sum(n)) %>%
  group_by(word) %>%
  mutate(word_total = sum(n)) %>%
  ungroup() %>%
  rename(count = n) %>%
  filter(word_total > 30)

words_by_time

## # A tibble: 970 × 6
##     time_floor   person      word count time_total word_total
##         <dttm>    <chr>     <chr> <int>      <int>      <int>
## 1  2016-01-01    David   #rstats     2        307        324
## 2  2016-01-01    David       bad     1        307         33
## 3  2016-01-01    David       bit     2        307         45
## 4  2016-01-01    David      blog     1        307         60
## 5  2016-01-01    David     broom     2        307         41
## 6  2016-01-01    David      call     2        307         31
## 7  2016-01-01    David     check     1        307         42
## 8  2016-01-01    David      code     3        307         49
## 9  2016-01-01    David      data     2        307        276
## 10 2016-01-01    David       day     2        307         65
## # ... with 960 more rows
```

3　옮긴이 즉, 이산적인 시간대들 중에 1개 시간대. 빈(bin)이란 막대그래프에서 서로 떨어져 있는 각 막대들이나 일종의 통(bin)처럼 자리 잡은 이산 구간을 말한다.

이 데이터 프레임의 각 행은 주어진 시간 빈에서 한 단어를 사용하는 한 개인에 해당한다. count 열은 해당 시간 빈에서 해당 단어를 사용한 횟수를 나타낸다. time_total 열은 해당 시간 빈에서 사용한 단어의 개수를 알려 주고 word_total 열은 해당 단어를 1년 내내 사용한 횟수를 나타낸다. 이 데이터셋을 이제 모델링에 사용할 수 있다.

우리는 tidyr의 nest()를 사용해 각 단어에 대한 소형 데이터 프레임들이 들어 있는, 1개 리스트 열로 구성된 데이터 프레임을 만들 수 있다. 이제 그 작업을 수행하고 결과 구조를 살펴보자.

```
nested_data <- words_by_time %>%
  nest(-word, -person)

nested_data

## # A tibble: 112 × 3
##    person    word            data
##    <chr>    <chr>          <list>
## 1   David #rstats <tibble [12 × 4]>
## 2   David     bad  <tibble [9 × 4]>
## 3   David     bit <tibble [10 × 4]>
## 4   David    blog <tibble [12 × 4]>
## 5   David   broom <tibble [10 × 4]>
## 6   David    call  <tibble [9 × 4]>
## 7   David   check <tibble [12 × 4]>
## 8   David    code <tibble [10 × 4]>
## 9   David    data <tibble [12 × 4]>
## 10  David     day  <tibble [8 × 4]>
## # ... with 102 more rows
```

이 데이터 프레임은 각 사람-단어(person-word) 조합에 대해 하나의 행을 가지며, data 열은 데이터 프레임이 포함된 리스트 열인데, 각 개인과 단어의 조합마다 한 개씩 있다. purrr 라이브러리의 map()을 사용해 빅 데이터 프레임 내의 작은 데이터 프레임에 모델링 절차를 적용해 보자. 이것은 개수를 세는 데이터이므로 모델링을 위해 glm()을 family = "binomial"과 함께 사용하도록 하자.

```
library(purrr)

nested_models <- nested_data %>%
  mutate(models = map(data, ~ glm(cbind(count, time_total) ~ time_floor, .,
                                  family = "binomial")))
```

```
nested_models

## # A tibble: 112 × 4
##     person    word             data       models
##      <chr>   <chr>           <list>       <list>
## 1    David #rstats <tibble [12 × 4]> <S3: glm>
## 2    David     bad  <tibble [9 × 4]> <S3: glm>
## 3    David     bit <tibble [10 × 4]> <S3: glm>
## 4    David    blog <tibble [12 × 4]> <S3: glm>
## 5    David   broom <tibble [10 × 4]> <S3: glm>
## 6    David    call  <tibble [9 × 4]> <S3: glm>
## 7    David   check <tibble [12 × 4]> <S3: glm>
## 8    David    code <tibble [10 × 4]> <S3: glm>
## 9    David    data <tibble [12 × 4]> <S3: glm>
## 10   David     day  <tibble [8 × 4]> <S3: glm>
## # ... with 102 more rows
```

 다음과 같은 질문들에 답하는 모델링 절차를 생각해 볼 수 있을 것이다.
'특정 시간 빈에서 특정 단어가 언급되었는가? '예'인가 아니면 '아니요'인가?
단어에 대한 개수가 시간에 따라 어떻게 달라지는가?'

이제 모델링 결과를 담는 새로운 열이 생겼다는 점에 주목하자. 이 열 또한 리스트 형식으로 된 열이며 glm 객체를 포함한다. 다음 단계는 broom 패키지의 map()과 tidy()를 사용해 각 모델의 기울기를 유도함으로써 중요한 모델을 찾을 차례다. 여기서 많은 기울기(slopes)를 비교하고 있지만 일부는 통계적으로 중요하지 않으므로 다중 비교를 위해 p 값을 조정해 보자.

```
library(broom)

slopes <- nested_models %>%
  unnest(map(models, tidy)) %>%
  filter(term == "time_floor") %>%
  mutate(adjusted.p.value = p.adjust(p.value))
```

이제 가장 중요한 기울기를 찾아보자. 어떤 단어가 우리의 트위터에서 적당히 중요한 수준의 빈도로 변경되었는가?

```
top_slopes <- slopes %>%
  filter(adjusted.p.value < 0.1) %>%
  select(-statistic, -p.value)
```

```
top_slopes

## # A tibble: 6 × 8
##    person      word     term     estimate   std.error adjusted.p.value
##    <chr>       <chr>    <chr>        <dbl>       <dbl>            <dbl>
## 1  David    ggplot2 time_floor -8.262540e-08 1.969448e-08    2.996837e-03
## 2  Julia    #rstats time_floor -4.496395e-08 1.119780e-08    6.467858e-03
## 3  Julia       post time_floor -4.818545e-08 1.454440e-08    9.784245e-02
## 4  Julia       read time_floor -9.327168e-08 2.542485e-08    2.634712e-02
## 5  David      stack time_floor  8.041202e-08 2.193375e-08    2.634841e-02
## 6  David   #user2016 time_floor -8.175896e-07 1.550152e-07    1.479603e-05
```

결과를 시각화하기 위해 우리는 데이비드와 줄리아가 한 해 동안 트윗을 하며 사용한 단어들을 그려 볼 수 있다(그림 7-4).

```
words_by_time %>%
  inner_join(top_slopes, by = c("word", "person")) %>%
  filter(person == "David") %>%
  ggplot(aes(time_floor, count/time_total, color = word, lty = word)) +
  geom_line(size = 1.3) +
  labs(x = NULL, y = "Word frequency")
```

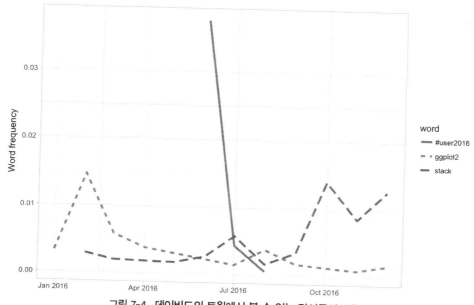

그림 7-4 데이비드의 트윗에서 볼 수 있는 단어들의 경향

그림 7-4에서 데이비드가 UseR 컨퍼런스에 참여하는 동안 해당 컨퍼런스에 대해 많은 트윗을 했다가 곧 중단한 점을 볼 수 있다. 그는 연말까지 스택 오버플로에 대해서 더 많은 트윗을 했고, 그 해가 가기까지 ggplot2에 대해서는 더 적게 언급했다.

줄리아의 트윗에서 빈도가 바뀐 단어를 그림 7-5에 나타낸다.

```
words_by_time %>%
  inner_join(top_slopes, by = c("word", "person")) %>%
  filter(person == "Julia") %>%
  ggplot(aes(time_floor, count/time_total, color = word, lty = word)) +
  geom_line(size = 1.3) +
  labs(x = NULL, y = "Word frequency")
```

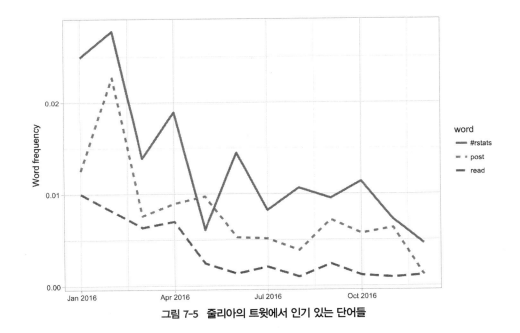

그림 7-5 줄리아의 트윗에서 인기 있는 단어들

줄리아에게 의미 있는 기울기들이 모두 아래로 향하고 있다. 이는 줄리아가 트윗을 하는 기간이 늘어날수록 빈도가 높은 특정 단어를 사용하기보다는 다양한 단어를 사용하게 되었다는 것을 의미한다. 줄리아의 연초 트위터에는 이 그림에 표시된 단어들이 더 높은 비율로 포함되어 있다. #rstats 해시 태그나 'post'와 같이 줄리아가 새 블로그 게시물을 홍보할 때 사용하는 단어들의 빈도가 낮아졌고, 줄리아는 읽기(read)에 관한 트윗을 조금 더 하게 되었다.

즐겨찾기 및 리트윗

트위터의 또 다른 중요한 특징은 얼마나 많은 시간 동안 사람들이 즐겨찾기를 하거나 리트윗을 하는가를 알 수 있다는 점이다. 줄리아와 데이비드의 트윗에 대해 어느 단어가 다시 쓰이거나 선호될지 탐구해 보자. 사용자가 자신의 트위터 아카이브를 내려받을 때 즐겨찾기와 리트윗은 포함되지 않으므로 이 정보까지 포함되게 작성자의 트위터 데이터셋을 다시 작성했다. 우리는 트위터 API를 통해 우리 자신의 트윗에 접근했고 각자 약 3,200개의 트윗을 내려받았다. 두 경우 모두 지난 18개월 동안의 트위터 활동에 관한 내용이다. 이것은 우리 둘 다 활동을 늘리던 시기로서, 팔로워도 증가하던 시기였다.

```
tweets_julia <- read_csv("data/juliasilge_tweets.csv")
tweets_dave <- read_csv("data/drob_tweets.csv")
tweets <- bind_rows(tweets_julia %>%
                        mutate(person = "Julia"),
                    tweets_dave %>%
                        mutate(person = "David")) %>%
    mutate(created_at = ymd_hms(created_at))
```

이제 최근 트윗으로만 이뤄진 작은 데이터셋인 이 두 번째 것이 있으니, unnest_tokens()를 사용해 이 트윗을 정돈 데이터셋으로 변환해 보자. 이 데이터셋에서 모든 리트윗과 응답을 삭제해 데이비드와 줄리아가 직접 게시한 정식 트윗만 살펴보자.

```
tidy_tweets <- tweets %>%
    filter(!str_detect(text, "^(RT|@)")) %>%
    mutate(text = str_replace_all(text, replace_reg, "")) %>%
    unnest_tokens(word, text, token = "regex", pattern = unnest_reg) %>%
    anti_join(stop_words)

tidy_tweets
```

```
## # A tibble: 11,078 × 7
##             id          created_at retweets favorites person       word
##          <dbl>              <dttm>    <int>     <int>  <chr>      <chr>
## 1 8.044026e+17 2016-12-01 19:11:43        1        15  David      worry
## 2 8.043967e+17 2016-12-01 18:48:07        4         6  David        j's
## 3 8.043611e+17 2016-12-01 16:26:39        8        12  David   bangalore
## 4 8.043611e+17 2016-12-01 16:26:39        8        12  David      london
## 5 8.043611e+17 2016-12-01 16:26:39        8        12  David  developers
## 6 8.041571e+17 2016-12-01 02:56:10        0        11  Julia  management
## 7 8.041571e+17 2016-12-01 02:56:10        0        11  Julia       julie
## 8 8.040582e+17 2016-11-30 20:23:14       30        41  David          sf
```

```
## 9    8.040324e+17    2016-11-30 18:40:27         0          17   Julia    zipped
## 10   8.040324e+17    2016-11-30 18:40:27         0          17   Julia        gb
## # ... with 11,068 more rows
```

먼저 각 트윗이 리트윗된 횟수를 살펴보자. 각 저자에 대한 전체 리트윗 횟수를 알아내 보자
는 말이다.

```
totals <- tidy_tweets %>%
  group_by(person, id) %>%
  summarise(rts = sum(retweets)) %>%
  group_by(person) %>%
  summarise(total_rts = sum(rts))

totals

## # A tibble: 2 × 2
##   person total_rts
##    <chr>     <int>
## 1  David    110171
## 2  Julia     12701
```

이제 각 단어와 사람에 대한 리트윗 수의 중간값을 찾자. 우리는 아마도 각 트윗/단어 조합을
한 번만 세어 보고 싶을 것이므로, group_by() 및 summarize()를 두 번 사용하되, 한 차
례 사용한 뒤에 바로 잇따라 사용한다. 첫 번째 summarize() 문은 각 트위터와 사람에 대해
각 단어가 몇 번 리트윗이 되었는지를 센다. 두 번째 summarize() 문에서는 각 사람과 단어
에 대한 중위수 리트윗을 알아내며, 각 개인이 사용한 단어 수를 세어 그것을 uses에 유지한
다. 다음으로 이를 리트윗 합계의 데이터 프레임에 연결할 수 있다. 적어도 다섯 번은 단어를
쓰도록 filter()를 하자.

```
word_by_rts <- tidy_tweets %>%
  group_by(id, word, person) %>%
  summarise(rts = first(retweets)) %>%
  group_by(person, word) %>%
  summarise(retweets = median(rts), uses = n()) %>%
  left_join(totals) %>%
  filter(retweets != 0) %>%
  ungroup()

word_by_rts %>%
  filter(uses >= 5) %>%
  arrange(desc(retweets))
```

```
## # A tibble: 178 × 5
##    person            word retweets  uses total_rts
##    <chr>            <chr>    <dbl> <int>     <int>
## 1  David        animation     85.0     5    110171
## 2  David         download     52.0     5    110171
## 3  David            start     51.0     7    110171
## 4  Julia         tidytext     50.0     7     12701
## 5  David        gganimate     45.0     8    110171
## 6  David      introducing     45.0     6    110171
## 7  David    understanding     37.0     6    110171
## 8  David                0     35.0     7    110171
## 9  David            error     34.5     8    110171
## 10 David         bayesian     34.0     7    110171
## # ... with 168 more rows
```

이 정렬된 데이터 프레임의 맨 위에는 gutenbergr(https://cran.r-project.org/package=gutenbergr 단축 URL http://bit.ly/2FInvu0), gganimate(https://github.com/dgrtwo/gganimate 단축 URL http://bit.ly/2CxL45H) 및 tidytext(https://cran.r-project.org/package=tidytext 단축 URL http://bit.ly/2RBrGPA)와 같이 이 책의 저자인 줄리아와 데이비드가 개발에 참여하고 있는 패키지에 대한 트윗이 표시된다. 각 계정에 대해 최고 중위수(즉, 중앙값) 리트윗을 가진 단어를 그려 보자(그림 7-6).

```
word_by_rts %>%
  filter(uses >= 5) %>%
  group_by(person) %>%
  top_n(10, retweets) %>%
  arrange(retweets) %>%
  ungroup() %>%
  mutate(word = factor(word, unique(word))) %>%
  ungroup() %>%
  ggplot(aes(word, retweets, fill = person)) +
  geom_col(show.legend = FALSE) +
  facet_wrap(~ person, scales = "free", ncol = 2) +
  coord_flip() +
  labs(x = NULL,
       y = "Median # of retweets for tweets containing each word")
```

우리는 R 패키지들에 대한 단어를 많이 볼 수 있는데, 이런 단어들 중에는 여러분이 지금 읽고 있는 tidytext도 포함된다. 데이비드의 '0'은 broom 0.4.0(http://bit.ly/2qagcDI) 또는 그와 비슷한 버전 번호의 패키지를 언급하는 트윗으로 인한 것이다.

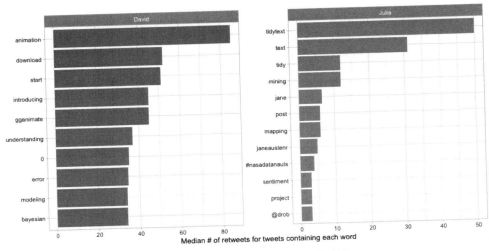

그림 7-6 최고 중위수를 보이는 리트윗 단어

우리는 비슷한 절차를 따라 어떤 단어를 더 선호하는지를 볼 수 있다. 이 단어들이 더 많은 리트윗으로 이어지는 단어와 다를까?

```
totals <- tidy_tweets %>%
  group_by(person, id) %>%
  summarise(favs = sum(favorites)) %>%
  group_by(person) %>%
  summarise(total_favs = sum(favs))

word_by_favs <- tidy_tweets %>%
  group_by(id, word, person) %>%
  summarise(favs = first(favorites)) %>%
  group_by(person, word) %>%
  summarise(favorites = median(favs), uses = n()) %>%
  left_join(totals) %>%
  filter(favorites != 0) %>%
  ungroup()
```

우리는 필요한 데이터 프레임을 구축했다. 이제 그림 7-7에서 시각화를 해 보자.

```
word_by_favs %>%
  filter(uses >= 5) %>%
  group_by(person) %>%
  top_n(10, favorites) %>%
  arrange(favorites) %>%
  ungroup() %>%
  mutate(word = factor(word, unique(word))) %>%
  ungroup() %>%
  ggplot(aes(word, favorites, fill = person)) +
  geom_col(show.legend = FALSE) +
  facet_wrap(~ person, scales = "free", ncol = 2) +
  coord_flip() +
  labs(x = NULL,
       y = "Median # of favorites for tweets containing each word")
```

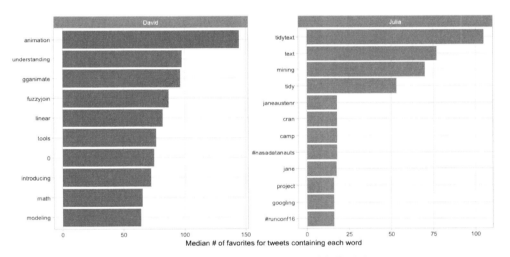

그림 7-7 즐겨찾기에 대한 중위수가 가장 높은 단어

우리는 그림 7-6과 7-7 간에(특히 상위 10개 단어 목록 중 최하단에 가까운 쪽에서) 몇 가지 사소한 차이가 있음을 알 수 있지만, 이 단어들은 대부분 리트윗에 사용된 단어들이다. 일반적으로 리트윗에 쓰이는 동일한 단어가 즐겨찾기에서도 쓰인다. 두 그림에서 줄리아와 관련되어 두드러지는 단어는 줄리아가 참여한 NASA 데이터노츠(NASA Datanauts) 프로그램의 해시 태그다. NASA 데이터와 NASA 데이터셋에 대한 텍스트 분석을 통해 배울 수 있는 것에 대해 더 자세히 알고 싶다면 8장을 읽어 보라.

요약

이번 장은 텍스트 데이터셋을 이해하기 위해 탐구해 온 개념과 코드를 일관된 방식으로 모으는 방법을 시작부터 끝까지 분석하는 첫 번째 사례 연구였다. 단어 빈도를 비교해 우리가 더 자주 트윗하거나, 그리고 덜 자주 트윗하는 단어를 알 수 있었고, 로그 오즈비는 우리의 각 계정에서 어떤 단어가 더 많이 트윗될 가능성이 있는지를 알 수 있게 해 주었다. glm() 함수와 더불어 nest() 및 map()을 사용하면 시간이 지남에 따라 더 높은 오즈비로 트윗한 단어 또는 더 낮은 오즈비로 트윗한 단어를 찾을 수 있다. 마지막으로 우리는 트윗에서 어느 단어가 더 많은 리트윗과 즐겨찾기로 이어졌는지를 알 수 있었다. 이 모든 것은 우리가 유사한 방식이나 다른 방식으로 단어를 사용하는지, 그리고 우리 트윗의 특성이 어떻게 변하거나 서로 비교되는지를 측정하기 위한 접근 방법들에 대한 예다. 이 접근법들이 텍스트 마이닝에 대해서 유연하게 적용될 수 있으므로 다른 유형의 텍스트에도 쓸 수 있을 것이다.

8

사례 연구: NASA 메타데이터 마이닝

NASA에서 호스팅하고 유지 관리하는 데이터셋은 3만 2000개가 넘는다. 이 데이터셋은 지구 과학에서 항공우주공학, NASA 자체의 관리에 이르기까지 다양한 토픽을 담고 있다. 이러한 데이터셋의 메타데이터를 사용하면 데이터셋 간의 연결 상황을 이해할 수 있다.

메타데이터란 무엇인가? 메타데이터는 다른 데이터에 대한 정보를 제공하는 데이터를 지칭하는 용어다. 이 경우 메타데이터는 사용자에게 이러한 수많은 NASA 데이터셋에 무엇이 있는지 알려 주지만 데이터셋 자체의 내용은 포함하지 않는다.

메타데이터에는 데이터셋의 제목, 설명 필드, NASA 내의 어떤 조직이 데이터셋을 담당하는지, 인간이 할당한 데이터셋의 중요어(keywords) 등과 같은 정보가 포함된다. NASA는 NASA가 자금을 대는 모든 연구 자료를 공개하라는 요청을 받으면 그것을 개방해 누구나 접근할 수 있도록 하고 있다(https://www.nasa.gov/press-release/nasa-unveils-new-public-web-portal-for-research-results 단축 URL https://go.nasa.gov/2W5whl7). 모든 데이터셋의 메타데이터는 온라인에서 JSON 형식으로 공개된다(https://data.nasa.gov/data.json).

이번 장에서는 NASA 메타데이터를 텍스트 데이터로 간주하고 이 실제 텍스트로 몇 가지 정돈 텍스트 접근 방법을 구현하는 방법을 보여 준다. 우리는 단어 동시 발생(co-occurrences) 및 상관(correlations), tf-idf 및 토픽 모델링을 사용한 데이터셋 간의 연결(connections)을 탐색할 것이다. 우리가 서로 관련이 있는 데이터셋을 찾을 수 있을까? 비슷한 데이터셋들의 군집을 찾을 수 있을까? NASA 메타데이터에는 몇 가지 텍스트 필드가 있는데, 가장 중요한 것은 제목 필드와 설명 필드 및 중요어 필드다. 필드 간 연결을 탐색해 NASA에서 복잡한 데이터 세계를 더 잘 이해할 수 있다. 이러한 유형의 접근법은 텍스트를 다루는 모든 분야로 확장될 수 있으므로 이 메타데이터를 살펴보는 일부터 해 보자.

NASA가 데이터를 조직하는 방식

먼저 JSON 파일을 내려받고 메타데이터에 저장된 이름을 살펴보자.

```
library(jsonlite)
metadata <- fromJSON("https://data.nasa.gov/data.json")
names(metadata$dataset)

##  [1] "_id"                "@type"              "accessLevel"
##  [4] "accrualPeriodicity" "bureauCode"         "contactPoint"
##  [7] "description"        "distribution"       "identifier"
## [10] "issued"             "keyword"            "landingPage"
## [13] "language"           "modified"           "programCode"
## [16] "publisher"          "spatial"            "temporal"
## [19] "theme"              "title"              "license"
## [22] "isPartOf"           "references"         "rights"
## [25] "describedBy"
```

여기에서 우리는 각 데이터셋을 발행한 사람으로부터 각 데이터셋의 공개 라이선스 정보에 이르기까지 추출할 수 있음을 알 수 있다.

각 데이터셋의 **제목(title)**과 **설명(description)** 및 **중요어(keywords)**가 데이터셋 간의 연결을 그림으로 그리는 데 가장 효과적일 수 있다. 그것들을 확인해 보자.

```
class(metadata$dataset$title)

## [1] "character"

class(metadata$dataset$description)

## [1] "character"

class(metadata$dataset$keyword)

## [1] "list"
```

제목 필드 및 설명 필드는 문자 벡터로 저장되지만 중요어는 문자 벡터의 리스트로 저장된다.

데이터 랭글링과 정돈[1]

제목, 설명 및 중요어에 대해 별도의 정돈 데이터 프레임을 설정하고 필요에 따라 나중에 분석에 연결할 수 있도록 각 데이터셋 ID를 유지해 보자.

```
library(dplyr)

nasa_title <- data_frame(id = metadata$dataset$`_id`$`$oid`,
                         title = metadata$dataset$title)

nasa_title

## # A tibble: 32,089 × 2
##                         id                                       title
##                      <chr>                                       <chr>
## 1  55942a57c63a7fe59b495a77           15 Minute Stream Flow Data: USGS (FIFE
## 2  55942a57c63a7fe59b495a78           15 Minute Stream Flow Data: USGS (FIFE
## 3  55942a58c63a7fe59b495a79           15 Minute Stream Flow Data: USGS (FIFE
## 4  55942a58c63a7fe59b495a7a 2000 Pilot Environmental Sustainability Index (ESI
## 5  55942a58c63a7fe59b495a7b 2000 Pilot Environmental Sustainability Index (ESI
## 6  55942a58c63a7fe59b495a7c 2000 Pilot Environmental Sustainability Index (ESI
## 7  55942a58c63a7fe59b495a7d      2001 Environmental Sustainability Index (ESI
## 8  55942a58c63a7fe59b495a7e      2001 Environmental Sustainability Index (ESI
## 9  55942a58c63a7fe59b495a7f      2001 Environmental Sustainability Index (ESI
## 10 55942a58c63a7fe59b495a80      2001 Environmental Sustainability Index (ESI
## # ... with 32,079 more rows
```

다음은 우리가 탐구할 데이터셋의 몇 가지 예제 제목이다. 여기 NASA가 지정한 ID가 있으며, 별도의 데이터셋에 중복된 제목이 있음을 주목하자.

```
nasa_desc <- data_frame(id = metadata$dataset$`_id`$`$oid`,
                        desc = metadata$dataset$description)
nasa_desc %>%
  select(desc) %>%
  sample_n(5)

## # A tibble: 5 × 1
##
##
## 1 MODIS (or Moderate Resolution Imaging Spectroradiometer) is a key instrument
```

---

1 [옮긴이] 즉, data wrangling과 data tidyng. 흔히 쓰는 말로 표현하자면 '데이터 랭글링'과 '데이터 깔끔화'에 해당한다.

```
## 2                                           Fatigue Countermeasures: A Meta-Ana
## 3    Mobile communications systems require programmable embedded platforms that
## 4    The Doppler Aerosol WiNd (DAWN), a pulsed lidar, operated aboard a NASA DC-
## 5 MODIS (or Moderate Resolution Imaging Spectroradiometer) is a key instrument
```

여기서는 메타데이터에서 선택한 여러 설명 필드의 첫 번째 부분을 보고 있다.

이제 우리는 중요어를 위한 정돈 데이터 프레임을 만들 수 있다. 이 경우, 리스트 열에 있기 때문에 tidyr에서 unnest()를 사용해야 한다.

```
library(tidyr)

nasa_keyword <- data_frame(id = metadata$dataset$`_id`$`$oid`,
                           keyword = metadata$dataset$keyword) %>%

  unnest(keyword)

nasa_keyword

## # A tibble: 126,814 × 2
##                           id        keyword
##                        <chr>          <chr>
## 1  55942a57c63a7fe59b495a77  EARTH SCIENCE
## 2  55942a57c63a7fe59b495a77    HYDROSPHERE
## 3  55942a57c63a7fe59b495a77  SURFACE WATER
## 4  55942a57c63a7fe59b495a78  EARTH SCIENCE
## 5  55942a57c63a7fe59b495a78    HYDROSPHERE
## 6  55942a57c63a7fe59b495a78  SURFACE WATER
## 7  55942a58c63a7fe59b495a79  EARTH SCIENCE
## 8  55942a58c63a7fe59b495a79    HYDROSPHERE
## 9  55942a58c63a7fe59b495a79  SURFACE WATER
## 10 55942a58c63a7fe59b495a7a  EARTH SCIENCE
## # ... with 126,804 more rows
```

각 중요어에 대해 하나의 행이 있기 때문에 이것은 정돈 데이터 프레임이다. 즉, 데이터셋에 둘 이상의 중요어가 있을 수 있기 때문에 각 데이터셋이 여러 행으로 이뤄질 것이라는 뜻이다.

이제 우리는 텍스트 분석을 할 수 있도록 제목 필드와 설명 필드에 tidytext의 unnest_tokens()를 사용할 때다. 제목과 설명에서 불용어를 제거해 보겠다. 우리는 'RADIATION(방사능)' 또는 'CLIMATE INDICATORS(기후 지표)'와 같은 것은 짧을 뿐만 아니라 사람이 지정한 중요어이기 때문에 이러한 중요어들에서는 불용어를 제거하지 않을 것이다.

```
library(tidytext)

nasa_title <- nasa_title %>%
  unnest_tokens(word, title) %>%
  anti_join(stop_words)

nasa_desc <- nasa_desc %>%
  unnest_tokens(word, desc) %>%
  anti_join(stop_words)
```

텍스트가 이제는 우리가 이 책 전체에서 행해 왔던 정돈 텍스트 형식이 되어, 1행당 1토큰(이 경우 단어)이 있게 되었다. 분석을 진행하기 전에 살펴보자.

```
nasa_title

## # A tibble: 210,914 × 2
##                          id         word
##                       <chr>        <chr>
## 1  56d07ee5a759fdadc44e5923       marble
## 2  56d07ee5a759fdadc44e5923         epic
## 3  56d07c16a759fdadc44e5922       fitara
## 4  56d07c16a759fdadc44e5922         ocio
## 5  56cf5b00a759fdadc44e5849 implementing
## 6  56cf5b00a759fdadc44e5846      receding
## 7  56cf5b00a759fdadc44e5846     recursive
## 8  56cf5b00a759fdadc44e5840    complaints
## 9  56cf5b00a759fdadc44e583b         score
## 10 56cf5b00a759fdadc44e583a          fix
## # ... with 210,904 more rows


nasa_desc

## # A tibble: 2,677,811 × 2
##                          id           word
##                       <chr>          <chr>
## 1  56d07c16a759fdadc44e5922         fitara
## 2  56d07c16a759fdadc44e5922           ocio
## 3  56cf5b00a759fdadc44e584a  degradation's
## 4  56cf5b00a759fdadc44e5847        dchwp1s
## 5  56cf5b00a759fdadc44e5847       dchwp1sp
## 6  56cf5b00a759fdadc44e5847         dchwdp
## 7  56cf5b00a759fdadc44e5847        dchwsnf
## 8  56cf5b00a759fdadc44e5847        dchwssf
## 9  56cf5b00a759fdadc44e5847       bursting
## 10 56cf5b00a759fdadc44e5847 consequentially
## # ... with 2,677,801 more rows
```

일부 초기 단순 탐사

NASA 데이터셋 제목(title)에서 가장 흔한 단어는 무엇인가? 우리는 dplyr의 count()를 사용해 이것을 검사할 수 있다.

```
nasa_title %>%
  count(word, sort = TRUE)

## # A tibble: 11,614 × 2
##       word       n
##      <chr>   <int>
## 1  project    7735
## 2     data    3354
## 3        1    2841
## 4    level    2400
## 5   global    1809
## 6       v1    1478
## 7    daily    1397
## 8        3    1364
## 9    aura    1363
## 10      l2    1311
## # ... with 11,604 more rows
```

설명(description)은 어떠한가?

```
nasa_desc %>%
  count(word, sort = TRUE)

## # A tibble: 35,940 × 2
##         word        n
##        <chr>    <int>
## 1       data    68871
## 2      modis    24420
## 3     global    23028
## 4          2    16599
## 5          1    15770
## 6     system    15480
## 7    product    14780
## 8       aqua    14738
## 9      earth    14373
## 10 resolution   13879
## # ... with 35,930 more rows
```

'data(데이터)'와 'global(지구적)'과 같은 단어는 NASA의 제목과 설명에서 매우 자주 사용된다. 다양한 유형의 분석을 위해 이러한 데이터 프레임에서 'v1'과 같은 일부 '단어들'과 숫자를 제거할 수 있다. 썩 의미 있는 게 아니기 때문이다.

 tidytext 패키지에 있는 기본 불용어를 제거하는 것처럼 맞춤 불용어 목록을 만들고 anti_join()을 사용해 데이터 프레임에서 삭제할 수 있다.

이 접근법은 다양한 상황에서 사용될 수 있는 훌륭한 도구이므로 기억해 두는 편이 바람직하다.

```
my_stopwords <- data_frame(word = c(as.character(1:10),
                                    "v1", "v03", "l2", "l3", "l4", "v5.2.0",
                                    "v003", "v004", "v005", "v006", "v7"))
nasa_title <- nasa_title %>%
  anti_join(my_stopwords)
nasa_desc <- nasa_desc %>%
  anti_join(my_stopwords)
```

가장 흔한 중요어는 무엇인가?

```
nasa_keyword %>%
  group_by(keyword) %>%
  count(sort = TRUE)

## # A tibble: 1,774 × 2
##                    keyword       n
##                      <chr>   <int>
## 1            EARTH SCIENCE   14362
## 2                  Project    7452
## 3               ATMOSPHERE    7321
## 4              Ocean Color    7268
## 5             Ocean Optics    7268
## 6                   Oceans    7268
## 7                completed    6452
## 8    ATMOSPHERIC WATER VAPOR  3142
## 9                   OCEANS    2765
## 10            LAND SURFACE    2720
## # ... with 1,764 more rows
```

우리는 'OCEANS' 및 'Oceans'와 같은 중복 중요어를 없애기 위해 모든 중요어를 대문자 또는 소문자로 변경하려고 한다. 여기서 해 보자.

```
nasa_keyword <- nasa_keyword %>%
  mutate(keyword = toupper(keyword))
```

단어 동시 발생과 상관

다음 단계로 4장에서 설명한 대로 NASA 데이터셋의 제목, 설명 및 중요어에서 동시 발생 단어를 검토해 보자. 그런 다음 이 분야의 단어 연결망을 검사할 수 있다. 예를 들면 어떤 데이터셋이 서로 관련되어 있는지를 알 수 있다.

설명 및 제목 단어 연결망

우리는 widyr 패키지의 `pairwise_count()`를 사용해 각 단어 쌍이 제목 필드 또는 설명 필드에 함께 나타나는 횟수를 계산할 수 있다.

```
library(widyr)

title_word_pairs <- nasa_title %>%
  pairwise_count(word, id, sort = TRUE, upper = FALSE)

title_word_pairs

## # A tibble: 156,689 × 3
##      item1   item2     n
##      <chr>   <chr> <dbl>
## 1  system project   796
## 2    lba     eco     683
## 3    airs    aqua    641
## 4    level   aqua    623
## 5    level   airs    612
## 6    aura     omi    607
## 7  global    grid    597
## 8  global   daily    574
## 9    data  boreas    551
## 10 ground    gpm     550
## # ... with 156,679 more rows
```

이것들은 제목 필드에 함께 자주 나오는 단어들의 쌍이다. 이 단어들 중 일부는 NASA에서 사용하는 **두문자어(acronyms)**인 게 확실한데, 'project' 및 'system'과 같은 단어가 얼마나 자주 사용되는지를 볼 수 있다.

```
desc_word_pairs <- nasa_desc %>%
  pairwise_count(word, id, sort = TRUE, upper = FALSE)

desc_word_pairs


## # A tibble: 10,889,084 × 3
##          item1      item2     n
##          <chr>      <chr>  <dbl>
## 1         data     global   9864
## 2         data resolution   9302
## 3  instrument resolution   8189
## 4         data    surface   8180
## 5       global resolution   8139
## 6         data instrument   7994
## 7         data     system   7870
## 8  resolution      bands   7584
## 9         data      earth   7576
## 10       orbit resolution   7462
## # ... with 10,889,074 more rows
```

위의 출력 내용에 나오는 단어 쌍들은 설명 필드에서 함께 자주 출현하는 것들이다. 'data'는 설명 필드에서 매우 흔한 단어다. NASA의 데이터셋에 데이터가 부족할 리가 없기 때문이다.

이러한 **동시 발생 단어**(co-occurring words)의 연결망을 그려 그림 8-1에서 이러한 관계를 더 잘 볼 수 있게 해 보자. 우리는 연결망을 시각화하기 위해 ggraph 패키지를 다시 사용할 것이다.

```
library(ggplot2)
library(igraph)
library(ggraph)

set.seed(1234)
title_word_pairs %>%
  filter(n >= 250) %>%
  graph_from_data_frame() %>%
  ggraph(layout = "fr") +
  geom_edge_link(aes(edge_alpha = n, edge_width = n), edge_colour = "cyan4") +
  geom_node_point(size = 5) +
  geom_node_text(aes(label = name), repel = TRUE,
                 point.padding = unit(0.2, "lines")) +
  theme_void()
```

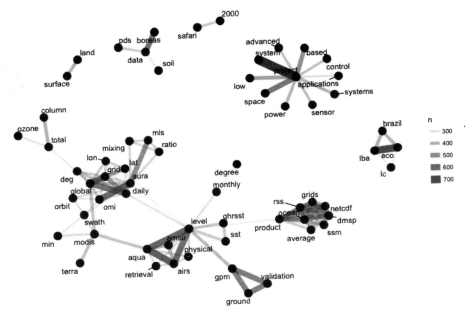

그림 8-1 **NASA 데이터셋 제목의 단어 연결망**

이 제목 단어들의 연결망에서 명확한 군집화를 일부 볼 수 있다. NASA 데이터셋 제목에 쓰이는 단어들은 주로 함께 쓰이는 몇 가지 단어군으로 크게 나눠 볼 수 있다.

그렇다면 설명 필드에 나오는 단어들은 어떠할까?(그림 8-2)

```
set.seed(1234)
desc_word_pairs %>%
  filter(n >= 5000) %>%
  graph_from_data_frame() %>%
  ggraph(layout = "fr") +
  geom_edge_link(aes(edge_alpha = n, edge_width = n), edge_colour = "darkred") +
  geom_node_point(size = 5) +
  geom_node_text(aes(label = name), repel = TRUE,
                 point.padding = unit(0.2, "lines")) +
  theme_void()
```

그림 8-2는 연결망에서 명확한 군집화 구조가 보이지 않는 상위 열두 개 단어('data', 'global', 'resolution', 'instrument'와 같은 단어) 간의 **강력한** 연결을 보여 준다. 여러분은 각 설명 필드의 특성 단어를 찾기 위한 계량 기준으로 단어 수를 확인하는 대신에 **tf-idf**(3장에서 자세히 설명)를 사용하기를 바랄 수 있다.

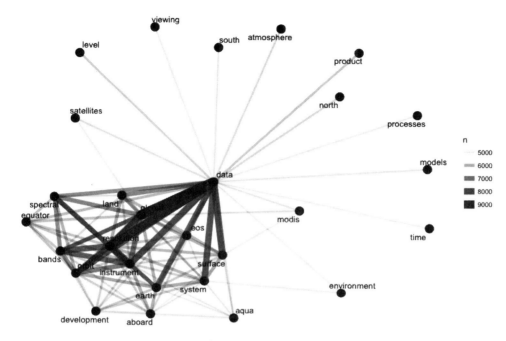

그림 8-2 **NASA 데이터셋 중 설명에 쓰이는 단어들의 연결망**

중요어 연결망

다음으로 그림 8-3에서 중요어 연결망을 만들어 동일한 데이터셋에서 동시에 나타나는 중요어를 확인해 보겠다.

```
keyword_pairs <- nasa_keyword %>%
  pairwise_count(keyword, id, sort = TRUE, upper = FALSE)

keyword_pairs

## # A tibble: 13,390 × 3
##            item1                item2     n
##            <chr>                <chr> <dbl>
## 1         OCEANS          OCEAN OPTICS  7324
## 2  EARTH SCIENCE           ATMOSPHERE  7318
## 3         OCEANS           OCEAN COLOR  7270
## 4   OCEAN OPTICS           OCEAN COLOR  7270
## 5        PROJECT             COMPLETED  6450
## 6  EARTH SCIENCE ATMOSPHERIC WATER VAPOR  3142
## 7     ATMOSPHERE ATMOSPHERIC WATER VAPOR  3142
## 8  EARTH SCIENCE               OCEANS  2762
## 9  EARTH SCIENCE          LAND SURFACE  2718
```

```
## 10 EARTH SCIENCE           BIOSPHERE   2448
## # ... with 13,380 more rows

set.seed(1234)
keyword_pairs %>%
  filter(n >= 700) %>%
  graph_from_data_frame() %>%
  ggraph(layout = "fr") +
  geom_edge_link(aes(edge_alpha = n, edge_width = n),
                  edge_colour = "royalblue") +
  geom_node_point(size = 5) +
  geom_node_text(aes(label = name), repel = TRUE,
                  point.padding = unit(0.2, "lines")) +
  theme_void()
```

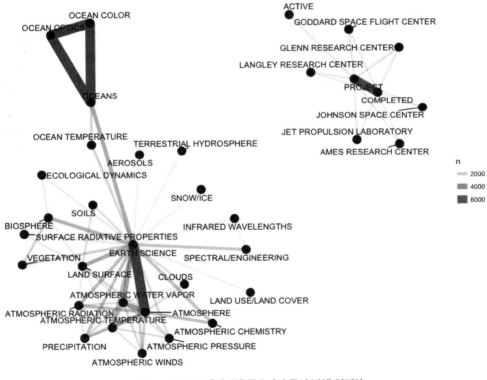

그림 8-3 NASA 데이터셋 중요어의 동시 발생 연결망

여기서는 군집화가 명확하게 나타나며 'OCEANS', 'OCEAN OPTICS', 'OCEAN COLOR', 'PROJECT' 및 'COMPLETED'와 같은 중요어 간의 긴밀한 연관성이 분명하게 나타난다.

이 단어들은 가장 흔하게 동시에 출현하는 것들이지만, 일반적으로 가장 흔하게 쓰이는 중요어이기도 하다.

다른 방식으로 중요어 간 관계를 조사하기 위해 4장에서 설명한 중요어 간 **상관**(correlation)을 찾을 수 있다. 이렇게 하면 설명 필드의 다른 중요어보다 동시 발생 가능성이 높은 중요어를 찾을 수 있다.

```
keyword_cors <- nasa_keyword %>%
  group_by(keyword) %>%
  filter(n() >= 50) %>%
  pairwise_cor(keyword, id, sort = TRUE, upper = FALSE)

keyword_cors

## # A tibble: 7,875 × 3
##                 item1         item2 correlation
##                 <chr>         <chr>       <dbl>
## 1           KNOWLEDGE       SHARING   1.0000000
## 2            DASHLINK          AMES   1.0000000
## 3            SCHEDULE     EXPEDITION   1.0000000
## 4          TURBULENCE        MODELS   0.9971871
## 5               APPEL     KNOWLEDGE   0.9967945
## 6               APPEL       SHARING   0.9967945
## 7         OCEAN OPTICS   OCEAN COLOR  0.9952123
## 8 ATMOSPHERIC SCIENCE         CLOUD   0.9938681
## 9              LAUNCH      SCHEDULE   0.9837078
## 10             LAUNCH    EXPEDITION   0.9837078
## # ... with 7,865 more rows
```

이 정렬된 데이터 프레임의 맨 위에 나오는 중요어들(여기서는 1, 2, 3번 줄에 나오는 중요어들)의 상관 계수는 1이다. 그것들이 항상 함께 출현하기 때문이다. 이는 중복되는 중요어임을 의미한다. 이러한 쌍들로 이뤄진 집합에서 두 중요어를 계속 사용하는 것은 의미가 없으므로, 대신에 하나의 중요어만 사용하면 될 것이다.

중요어 동시 발생에 대해 그랬던 것처럼 중요어 상관 연결망을 시각화해 보자(그림 8-4).

```
set.seed(1234)
keyword_cors %>%
  filter(correlation > .6) %>%
  graph_from_data_frame() %>%
  ggraph(layout = "fr") +
  geom_edge_link(aes(edge_alpha = correlation, edge_width = correlation),
                  edge_colour = "royalblue") +
  geom_node_point(size = 5) +
  geom_node_text(aes(label = name), repel = TRUE,
                  point.padding = unit(0.2, "lines")) +
  theme_void()
```

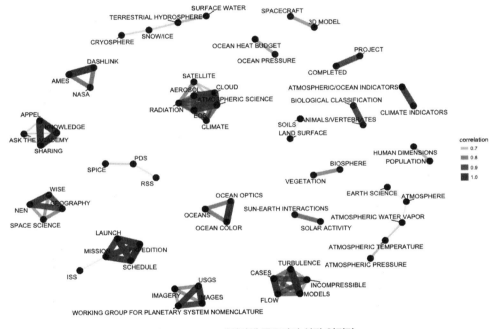

그림 8-4 **NASA 데이터셋 중요어의 상관 연결망**

그림 8-4에 나오는 연결망은 **동시 발생 연결망(co-occurrence network)**과 많이 다르다. 차이점은 동시 발생 연결망이 어떤 중요어 쌍이 가장 자주 발생하는지에 대한 질문을 하는 것이라면, **상관 연결망(correlation network)**은 어떤 중요어가 그 밖의 중요어보다 더 자주 발생하는지에 대한 질문이라는 점이다. 여기에서 중요어들로 구성된 작은 군집들의 **개수가 많다**는 점에 유념하자. 위의 graph_from_data_frame() 함수에서 연결망 구조를 추출(추가 분석용)할 수 있다.

설명 필드에 대한 tf-idf 계산

그림 8-2에 보이는 연결망 그래프는 설명 필드가 'data', 'global', 'resolution'과 같은 몇 가지 흔한 단어에 의해 지배된다는 점을 보여 주었다. 이것은 개별 설명 필드의 특성을 드러내는 단어를 찾기 위한 통계 수단으로 tf-idf를 사용할 수 있는 좋은 기회가 될 것이다. 3장에서 논의를 했듯이, 문서 모음집 내에서 문서에 특별히 중요한 단어를 식별하기 위해 용어빈도와 역문서빈도를 곱한 값인 tf-idf를 사용할 수 있다. NASA 데이터셋의 설명 필드에 이 접근법을 적용하자.

설명 필드 단어의 tf-idf는 무엇인가?

우리는 각 설명 필드를 일종의 문서로 간주할 것이며, 전체 설명 필드는 문서의 모음집, 즉 말 뭉치로 간주한다. 우리는 이미 unnest_tokens()를 사용했다. 이번 장의 앞부분에서 설명 필드에 단어의 정돈 데이터 프레임을 만들었으므로 bind_tf_idf()를 사용해 각 단어의 tf-idf를 계산할 수 있다.

```
desc_tf_idf <- nasa_desc %>%
  count(id, word, sort = TRUE) %>%
  ungroup() %>%
  bind_tf_idf(word, id, n)
```

NASA 설명 필드에서 tf-idf가 가장 큰 단어는 무엇인가?

```
desc_tf_idf %>%
  arrange(-tf_idf) %>%
  select(-id)

## # A tibble: 1,913,224 × 6
##                                                     word     n    tf       idf
##                                                    <chr> <int> <dbl>     <dbl>
## 1                                                    rdr     1     1 10.375052
## 2      palsar_radiometric_terrain_corrected_high_res     1     1 10.375052
## 3      cpalsar_radiometric_terrain_corrected_low_res     1     1 10.375052
## 4                                                   lgrs     1     1  8.765615
## 5                                                   lgrs     1     1  8.765615
## 6                                                   lgrs     1     1  8.765615
## 7                                                    mri     1     1  8.583293
## 8                                 template_proddescription     1     1  8.295611
## 9                                 template_proddescription     1     1  8.295611
```

```
## 10                    template_proddescription    1    1 8.295611
## # ... with 1,913,214 more rows, and 1 more variables: tf_idf <dbl>
```

위의 내용에 나오는 단어들은 **tf-idf**로 측정된 설명 필드에서 가장 중요한 것들이다. 즉, 흔하기는 해도 지나치게 흔한 것은 아니라는 말이다.

 여기에서 우리가 한 가지 문제에 봉착했다는 점에 유념하자. 출력 내용에 보이는 n 열의 값과 tf 열의 값이 모두 1로 나타나고 있는데, 이는 1 값으로 나타난 단어가 속한 설명 필드에 단 1개 단어만 들어 있기 때문이다. 설명 필드에 한 단어만 들어 있으면 tf-idf 알고리즘은 해당 단어가 매우 중요한 단어라는 식으로 계산해버린다.

그러므로 우리의 분석 목적에 맞출 수 있게 단어가 몇 개 들어 있지 않은 설명 필드를 모두 삭제하는 것이 좋다.

설명 필드를 중요어에 연결하기

이제는 각 설명 필드를 이루는 단어들 중에서 **tf-idf**가 높은 단어가 무엇인지를 알 수 있게 되었을 뿐만 아니라, 이와 같은 설명 내역에 대한 레이블을 중요어로 달아 두었다. 그러므로 tf-idf를 사용해 중요어 데이터 프레임과 설명어의 데이터 프레임을 완전히 결합한 다음 주어진 중요어에 대해 **tf-idf**가 가장 큰 단어를 찾자.

```
desc_tf_idf <- full_join(desc_tf_idf, nasa_keyword, by = "id")
```

NASA 데이터셋에 사용된 몇 가지 예시 중요어에 대해 **tf-idf**로 측정한 가장 중요한 단어를 그려 보자. 먼저 **dplyr** 연산을 사용해 검토할 중요어를 선별하고 각 중요어에 대해 상위 열다섯 개 단어만 사용하도록 하자. 그런 다음 그림 8-5에서 그 단어를 그려 보자.

```
desc_tf_idf %>%
  filter(!near(tf, 1)) %>%
  filter(keyword %in% c("SOLAR ACTIVITY", "CLOUDS",
                        "SEISMOLOGY", "ASTROPHYSICS",
                        "HUMAN HEALTH", "BUDGET")) %>%
  arrange(desc(tf_idf)) %>%
  group_by(keyword) %>%
  distinct(word, keyword, .keep_all = TRUE) %>%
  top_n(15, tf_idf) %>%
  ungroup() %>%
```

```
mutate(word = factor(word, levels = rev(unique(word)))) %>%
ggplot(aes(word, tf_idf, fill = keyword)) +
geom_col(show.legend = FALSE) +
facet_wrap(~keyword, ncol = 3, scales = "free") +
coord_flip() +
labs(title = "Highest tf-idf words in NASA metadata description fields",
     caption = "NASA metadata from https://data.nasa.gov/data.json",
     x = NULL, y = "tf-idf")
```

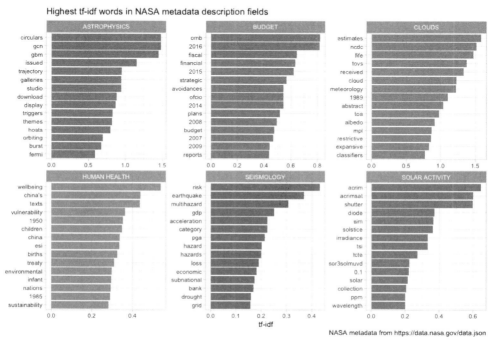

그림 8-5 select라는 중요어로 레이블된 데이터셋의 단어에 대한 tf-idf 분포

tf-idf를 사용하면 각 중요어에 대해 중요한 설명 단어를 식별할 수 있다. 'SEISMOLOGY'라는 중요어로 레이블이 지정된 데이터셋을 설명하는 내용 중에는 'earthquake', 'risk', 'hazard'라는 단어가 있지만, 'HUMAN HEALTH'라는 레이블이 붙은 데이터셋에는 'wellbeing', 'vulnerability', 'children'이라는 단어가 있다. 영어 단어가 아닌 문자의 조합은 대부분 약어(예를 들면 예산관리청을 나타내는 OMB라는 두문자)이며, 연도 및 숫자의 예시는 이러한 토픽에서 중요하다. tf-idf 통계에는 문서 모음집 내의 개별 문서에 대한 중요한 단어를 식별하려고 의도된 단어 종류가 나온다.

토픽 모델링

우리는 이미 **tf-idf**를 통계량으로 사용해 NASA 설명 필드의 내용을 통찰할 수 있었지만, NASA 설명 필드들이 무엇을 설명하는지 다른 접근법으로 더 알아보자. 6장에서 설명한 것처럼 토픽 모델링을 사용해 각 문서(설명 필드)를 토픽의 혼합체로 간주하여 모델링을 하고, 각 토픽을 단어의 혼합체로 보고 모델링할 수 있다. 이전 장에서와 마찬가지로 우리는 토픽 모델링을 위해 잠재 디리클레 할당(LDA, https://en.wikipedia.org/wiki/Latent_Dirichlet_allocation **단축 URL** http://bit.ly/2REdHIL)을 사용할 것이다. 그 밖에도 토픽 모델링에 쓰일 만한 접근법이 더 있다.

문서-용어 행렬에 캐스팅하기

여기 구현된 토픽 모델링 작업을 수행하려면 **tm** 패키지에서 제공하는 특별한 행렬 종류인 **DocumentTermMatrix**를 만들어야 한다(물론 이것은 '문서-용어 행렬'이라는 일반적인 개념을 구체적으로 구현한 것일 뿐이다). 행은 문서(여기서는 설명 필드에 있는 텍스트)에 해당하고, 열은 용어(예를 들면 단어)에 해당한다. 희소 행렬이며 값은 단어 개수다.

HTML이나 기타 문자 인코딩에서 남겨진 의미 없는 단어를 제거하기 위해 불용어를 사용해 텍스트를 약간 정돈하자. bind_rows()를 사용해 사용자 지정 단어를 tidytext 패키지의 기본 불용어 목록에 추가한 다음 anti_join()을 사용해 데이터 프레임에서 한꺼번에 제거할 수 있다.

```
my_stop_words <- bind_rows(stop_words,
                           data_frame(word = c("nbsp", "amp", "gt", "lt",
                                               "timesnewromanpsmt", "font",
                                               "td", "li", "br", "tr", "quot",
                                               "st", "img", "src", "strong",
                                               "http", "file", "files",
                                               as.character(1:12)),
                                      lexicon = rep("custom", 30)))
word_counts <- nasa_desc %>%
  anti_join(my_stop_words) %>%
  count(id, word, sort = TRUE) %>%
  ungroup()

word_counts

## # A tibble: 1,895,310 × 3
```

```
##                        id      word     n
##                     <chr>     <chr> <int>
## 1  55942a8ec63a7fe59b4986ef     suit    82
## 2  55942a8ec63a7fe59b4986ef    space    69
## 3  56cf5b00a759fdadc44e564a     data    41
## 4  56cf5b00a759fdadc44e564a     leak    40
## 5  56cf5b00a759fdadc44e564a     tree    39
## 6  55942a8ec63a7fe59b4986ef pressure    34
## 7  55942a8ec63a7fe59b4986ef   system    34
## 8  55942a89c63a7fe59b4982d9       em    32
## 9  55942a8ec63a7fe59b4986ef       al    32
## 10 55942a8ec63a7fe59b4986ef    human    31
## # ... with 1,895,300 more rows
```

위 출력 내용은 DocumentTermMatrix를 만들기 위해 필요한 정보로서, 각 단어가 각 문서에서 사용되는 횟수를 보여 준다. 5장에서 자세히 설명했던 것처럼 다음과 같이 cast()를 사용해 정돈 텍스트 형식에서 비정돈 형식으로 캐스팅할 수 있다.

```
desc_dtm <- word_counts %>%
  cast_dtm(id, word, n)

desc_dtm

## <<DocumentTermMatrix (documents: 32003, terms: 35901)>>
## Non-/sparse entries: 1895310/1147044393
## Sparsity           : 100%
## Maximal term length: 166
## Weighting          : term frequency (tf)
```

이 데이터셋에는 문서(각 NASA 설명 필드)와 용어(단어)가 들어 있다. 이 예제인 문서-용어 행렬은 거의 100% 희소한 것으로, 이 행렬의 거의 모든 항목이 0임을 의미한다. 0이 아닌 각 항목은 특정 문서에 나타나는 특정 단어에 해당한다.

토픽 모델링 준비

이제 topicmodels(https://cran.r-project.org/package=topicmodels 단축 URL http://bit.ly/2sBP54m) 패키지를 사용해 LDA 모델을 작성해 보자. 이 알고리즘이 얼마나 많은 토픽을 만들 것이라고 말하게 될까? 이런 질문은 k 평균 군집화에서도 그랬던 것처럼 우리가 미리 알 수가 없으므로 무의미하다. 8, 16, 24, 32 및 64가지 토픽을 사용해 다음과 같은 모델링 절차를 시도해 보았는데, 24가지 토픽에서는 문서가 여전히 토픽별로 깔끔하게 분류되고 있지만, 토픽 가짓수가 그 이상 늘어나면 각 문서가 각 토픽에 속할 확률인 γ 분포가 우려스럽게 보인다는 점을 발견했다. 나중에 이에 대한 자세한 내용을 보여 주겠다.

```
library(topicmodels)

# 이 모델을 실행하는 데 꽤 오랜 시간이 소요될 수 있다는 점에 주의하자.
desc_lda <- LDA(desc_dtm, k = 24, control = list(seed = 1234))

desc_lda

## A LDA_VEM topic model with 24 topics.
```

이 알고리즘은 알고리즘이 시작되는 위치에 따라 결과가 달라질 수 있는 확률적 알고리즘이므로 여기에 표시된 대로 **재현성(recall)**을 지닐 수 있게 시드(seed)를 지정해야 한다.

토픽 모델 해석

이제 모델을 만들었으니 모델의 결과를 tidy()를 사용해 정돈해 보자. 즉, 모델 결과를 요약하는 정돈 데이터 프레임을 구성해 보자는 말이다. tidytext 패키지에는 topicmodels 패키지의 LDA 모델을 정돈하는 메서드가 들어 있다.

```
tidy_lda <- tidy(desc_lda)

tidy_lda

## # A tibble: 861,624 × 3
##    topic term        beta
##    <int> <chr>      <dbl>
## 1      1  suit 1.003981e-121
## 2      2  suit 2.630614e-145
## 3      3  suit  1.916240e-79
## 4      4  suit  6.715725e-45
## 5      5  suit  1.738334e-85
## 6      6  suit  7.692116e-84
## 7      7  suit  3.283851e-04
## 8      8  suit  3.738586e-20
## 9      9  suit  4.846953e-15
## 10    10  suit  4.765471e-10
## # ... with 861,614 more rows
```

β 열(beta 열)은 해당 용어가 해당 문서에 대해 해당 토픽으로부터 생성될 확률을 알려 준다.

즉, *β* 열은 해당 용어(단어)가 해당 토픽에 속할 확률을 나타낸다. *β* 값 중 일부는 너무너무 작지만 일부는 그렇게까지 작지 않다는 점에 유념하자.

각 토픽은 무엇에 관한 것인가? 각 토픽에 대한 상위 열 개 용어를 살펴보자.

```
top_terms <- tidy_lda %>%
  group_by(topic) %>%
  top_n(10, beta) %>%
  ungroup() %>%
  arrange(topic, -beta)

top_terms

## # A tibble: 240 × 3
##   topic         term        beta
##   <int>        <chr>        <dbl>
##
## 1     1         data  0.04488960
## 2     1         soil  0.03676198
## 3     1     moisture  0.02954555
## 4     1         amsr  0.02437751
## 5     1          sst  0.01684001
## 6     1   validation  0.01322457
## 7     1  temperature  0.01317075
## 8     1      surface  0.01290046
## 9     1     accuracy  0.01225131
## 10    1          set  0.01155372
## # ... with 230 more rows
```

이와 같이 토픽이 무엇인지를 데이터 프레임에서는 쉽게 해석할 수 없으므로 그림 8-6 및 8-7에서 이 정보를 시각적으로 살펴보자.

```
top_terms %>%
  mutate(term = reorder(term, beta)) %>%
  group_by(topic, term) %>%
  arrange(desc(beta)) %>%
  ungroup() %>%
  mutate(term = factor(paste(term, topic, sep = "__"),
                       levels = rev(paste(term, topic, sep = "__")))) %>%
  ggplot(aes(term, beta, fill = as.factor(topic))) +
  geom_col(show.legend = FALSE) +
  coord_flip() +
  scale_x_discrete(labels = function(x) gsub("__.+$", "", x)) +
  labs(title = "Top 10 terms in each LDA topic",
       x = NULL, y = expression(beta)) +
  facet_wrap(~ topic, ncol = 3, scales = "free")
```

그림 8-6 NASA 메타데이터 설명 필드에 들어 있는 텍스트의 토픽을 모델링하는 상위 용어들

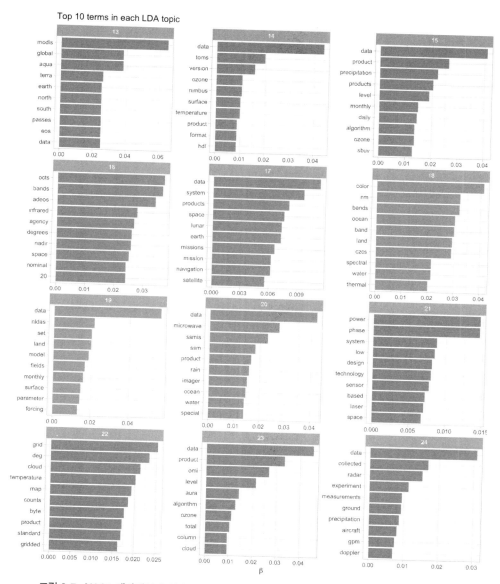

Top 10 terms in each LDA topic

그림 8-7 NASA 메타데이터 설명 필드에 들어 있는 텍스트의 토픽을 모델링하는 상위 용어들

우리는 이 설명 텍스트에서 지배적인 단어인 'data'가 무엇인지를 볼 수 있다. 또한 토픽 12의 soil(토양), forests(숲), biomass(바이오매스)에 관한 용어에서 토픽 21의 design(설계), systems(체계), technology(기술)라는 용어에 이르기까지 의미 있는 차이점이 있다. 토픽 모델링 과정은 이 설명 필드에 들어 있는 용어들을 사람인 여러분이 이해할 수 있는 그룹으로 식별한다.

우리는 방금 어떤 단어가 어떤 토픽과 관련되어 있는지 살펴보았다. 이제 다음 차례로, 어떤 토픽이 어떤 설명 필드(즉, 문서)와 관련되는지 검토해 보자. 각 문서가 각 토픽에 속할 확률을 나타내는 또 다른 확률인 γ를 tidy라는 동사를 다시 사용해 살펴볼 생각이다.

```
lda_gamma <- tidy(desc_lda, matrix = "gamma")

lda_gamma

## # A tibble: 768,072 × 3
##                   document topic       gamma
##                      <chr> <int>       <dbl>
## 1  55942a8ec63a7fe59b4986ef     1 6.453820e-06
## 2  56cf5b00a759fdadc44e564a     1 1.158393e-05
## 3  55942a89c63a7fe59b4982d9     1 4.917441e-02
## 4  56cf5b00a759fdadc44e55cd     1 2.249043e-05
## 5  55942a89c63a7fe59b4982c6     1 6.609442e-05
## 6  55942a86c63a7fe59b498077     1 5.666520e-05
## 7  56cf5b00a759fdadc44e56f8     1 4.752082e-05
## 8  55942a8bc63a7fe59b4984b5     1 4.308534e-05
## 9  55942a6ec63a7fe59b496bf7     1 4.408626e-05
## 10 55942a8ec63a7fe59b4986f6     1 2.878188e-05
## # ... with 768,062 more rows
```

데이터 프레임 상단에 보이는 확률 중 일부는 낮고 일부는 더 높다는 점에 주의하자. 우리 모델은 우리가 단어 집합으로 구성한 각 토픽에 속하는 각 설명에 대해 확률을 할당했다. 확률은 어떻게 분포되는가? 시각화를 해 보자(그림 8-8).

```
ggplot(lda_gamma, aes(gamma)) +
  geom_histogram() +
  scale_y_log10() +
  labs(title = "Distribution of probabilities for all topics",
       y = "Number of documents", x = expression(gamma))
```

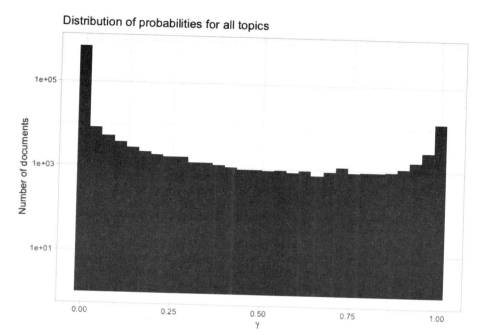

그림 8-8 NASA 메타데이터 설명 필드에 들어 있는 텍스트의 토픽을 모델링할 때의 확률 분포[2]

먼저 y 축이 로그 눈금으로 되어 있음을 알 수 있다. 그렇지 않으면 플롯에서 세부 사항을 확인하기가 어렵다. 다음으로 γ의 범위가 0에서 1까지인 점에 주목하라. 그리고 주어진 문서가 주어진 토픽에 속할 확률임을 기억하자. 0에 가까운 값이 많으므로 각 항목에 속하지 않는 문서가 많이 있다. 또한 $\gamma = 1$ 근처에는 많은 값이 있는데, 이 값들은 해당 토픽에 속하는 문서를 의미한다. 이 분포는 문서가 토픽에 속하는 것으로 잘 차별되고 있음을 보여 준다. 그림 8-9와 같이 확률이 각 토픽 내에서 어떻게 분포되어 있는지도 볼 수 있다.

```
ggplot(lda_gamma, aes(gamma, fill = as.factor(topic))) +
  geom_histogram(show.legend = FALSE) +
  facet_wrap(~ topic, ncol = 4) +
  scale_y_log10() +
  labs(title = "Distribution of probability for each topic",
       y = "Number of documents", x = expression(gamma))
```

---

2 옮긴이 그림의 제목은 '모든 토픽에 대한 확률 분포'이고 y 축의 이름은 '문서 개수'다.

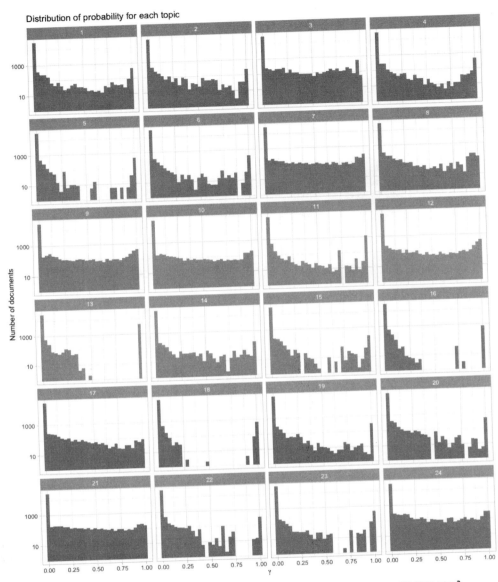

그림 8-9 NASA 메타데이터 설명 필드 텍스트의 토픽 모델링에서 각 토픽에 대한 확률 분포[3]

---

3 <u>옮긴이</u> 그림의 제목은 '각 토픽별 확률 분포'이고 y 축 이름은 '문서 개수'다.

그림 8-9의 토픽 18을 자세히 살펴보자. 이 토픽은 문서를 이리저리 깔끔하게 정렬한 토픽이다. γ가 1에 가까운 문서가 많이 있다. 이 문서들은 모델에 따르면 토픽 18에 속하는 문서다. 또한 γ가 0에 가까운 문서도 많이 있다. 이 문서들은 토픽 18에 속하지 않는 문서다.

각 문서는 이 그림의 각 판에 나타나며 해당 항목에 대한 γ는 해당 토픽에 속할 확률을 알려준다.

이 그림은 토픽 모델링 과정에서 토픽의 수를 선택하기 위해 사용했던 정보 유형을 표시한다. 24보다 높은 옵션(예를 들면 32 또는 64)을 시도했을 때 γ에 대한 분포는 $\gamma = 1$에 대해 매우 평평해 보이는데, 이는 문서가 토픽별로 잘 분류되지 않았기 때문이다.

토픽 모델링을 중요어와 연결하기

이 토픽 모델을 중요어와 연결하고 어떤 관계를 찾을 수 있는지 살펴보자. 우리는 사람이 태그를 지정한 중요어를 full_join()을 사용해 완전히 조인할 수 있고, 어떤 중요어가 어떤 토픽과 관련이 있는지 발견할 수 있다.

```
lda_gamma <- full_join(lda_gamma, nasa_keyword, by = c("document" = "id"))

lda_gamma

## # A tibble: 3,037,671 × 4
##                          document topic         gamma                     keyword
##                             <chr> <int>          <dbl>                       <chr>
## 1  55942a8ec63a7fe59b4986ef           1  6.453820e-06  JOHNSON SPACE CENTER
## 2  55942a8ec63a7fe59b4986ef           1  6.453820e-06               PROJECT
## 3  55942a8ec63a7fe59b4986ef           1  6.453820e-06             COMPLETED
## 4  56cf5b00a759fdadc44e564a           1  1.158393e-05              DASHLINK
## 5  56cf5b00a759fdadc44e564a           1  1.158393e-05                  AMES
## 6  56cf5b00a759fdadc44e564a           1  1.158393e-05                  NASA
## 7  55942a89c63a7fe59b4982d9           1  4.917441e-02 GODDARD SPACE FLIGHT CENTER
## 8  55942a89c63a7fe59b4982d9           1  4.917441e-02               PROJECT
## 9  55942a89c63a7fe59b4982d9           1  4.917441e-02             COMPLETED
## 10 56cf5b00a759fdadc44e55cd           1  2.249043e-05              DASHLINK
## # ... with 3,037,661 more rows
```

이제 filter()를 사용해 확률(γ)이 절삿값(cutoff value, 경곗값)보다 큰 문서-토픽 항목만 유지할 수 있다. 0.9를 사용하자.

```
top_keywords <- lda_gamma %>%
  filter(gamma > 0.9) %>%
  count(topic, keyword, sort = TRUE)

top_keywords

## Source: local data frame [1,022 x 3]
## Groups: topic [24]
##
##    topic       keyword     n
##    <int>         <chr> <int>
## 1     13   OCEAN COLOR  4480
## 2     13  OCEAN OPTICS  4480
## 3     13        OCEANS  4480
## 4     11   OCEAN COLOR  1216
## 5     11  OCEAN OPTICS  1216
## 6     11        OCEANS  1216
## 7      9       PROJECT   926
## 8     12 EARTH SCIENCE   909
## 9      9     COMPLETED   834
## 10    16   OCEAN COLOR   768
## # ... with 1,012 more rows
```

각 토픽의 최상위 중요어는 무엇인가(그림 8-10)?

```
top_keywords %>%
  group_by(topic) %>%
  top_n(5, n) %>%
  group_by(topic, keyword) %>%
  arrange(desc(n)) %>%
  ungroup() %>%
  mutate(keyword = factor(paste(keyword, topic, sep = "__"),
                          levels = rev(paste(keyword, topic, sep = "__")))) %>%
  ggplot(aes(keyword, n, fill = as.factor(topic))) +
  geom_col(show.legend = FALSE) +
  labs(title = "Top keywords for each LDA topic",
       x = NULL, y = "Number of documents") +
  coord_flip() +
  scale_x_discrete(labels = function(x) gsub("__.+$", "", x)) +
  facet_wrap(~ topic, ncol = 3, scales = "free")
```

그림 8-10 **NASA 메타데이터 설명 필드에 들어 있는 텍스트들을 대상으로 토픽 모델링을 할 때의 중요어들[4]**

---

4 [옮긴이] 그림의 제목은 '각 LDA 토픽별 최상위 중요어'이고 x 축 이름은 '문서 개수'다.

한 걸음 뒤로 물러나서 그림 8-10이 우리에게 무엇을 말해 주는지를 상기해 보자. NASA 데이터셋은 사람이 직접 중요어라고 태그를 지정한 것이며, 우리는 NASA 데이터셋의 설명 필드에 대해 LDA 토픽 모델(24개 토픽 포함)을 구축했다. 이 그림은 '특정 토픽에 속할 가능성이 높은 설명 필드가 있는 데이터셋이라면 가장 일반적인 사람이 지정한 중요어는 무엇인가?'라는 질문에 대한 답이다.

토픽 13, 16 및 18의 중요어가 본질적으로 서로 중복되는 것은 흥미롭다(토픽: 'OCEAN COLOR', 'OCEAN OPTICS', 'OCEANS'). 이러한 토픽의 상위 단어는 그림 8-6 및 8-7에서와 같이 의미 있는 차이를 나타내기 때문이다. 또한 문서 개수에 따라 토픽 13, 16 및 18의 조합이 이 그림에 표시된 데이터셋의 전체 개수 중 상당 부분을 차지하며, 토픽 11을 포함하는 경우에는 훨씬 더 많다. 데이터셋 개수로 따져 보자면, NASA에는 oceans(해양), ocean color(바다 색깔) 및 ocean optics(해양광학)를 다루는 데이터셋이 많다. 9, 10 및 21 토픽과 NASA 실험실 및 연구소의 이름을 보면 'PROJECT COMPLETED(프로젝트 완료)'가 나온다. 그 밖에 현저하게 중요한 토픽 영역으로는 atmospheric science(대기과학), budget/finance(예산/재무) 및 population/human dimensions(인구/인간 차원)에 관한 중요어 그룹이다. 그림 8-6 및 8-7로 돌아가서 설명 필드의 어느 단어가 이러한 토픽에 할당되는 데이터셋을 구동하는지 볼 수 있다. 예를 들어 토픽 4는 인구 및 인간 차원에 대한 중요어와 연관되어 있으며, 해당 토픽에 대한 상위 용어의 일부는 'population(인구)', 'international(국제)', 'center(중심)' 및 'university(대학)'이다.

요약

연결망 분석, tf-idf, 토픽 모델링을 조합해 사용함으로써 NASA가 제공하는 데이터셋들이 서로 어떻게 연관되어 있는지를 더 많이 이해하게 되었다. 우리는 특히 중요어가 서로 어떻게 연결되어 있고 어떤 데이터셋이 관련될 수 있는지에 관한 자세한 정보를 지니게 되었다. 토픽 모델은 설명 필드의 단어를 기반으로 중요어를 제안하거나 중요어 연구를 통해 특정 연구 분야에서 가장 중요한 중요어 조합을 제안할 수 있다.

9

사례 연구: 유즈넷 텍스트 분석

마지막 장에서는 이 책에서 배운 내용을 응용해 1993년에 20개의 유즈넷(Usenet) 게시판에 전송된 2만 개의 메시지 집합을 처음부터 끝까지 분석해 본다. 이 데이터셋에 들어 있는 유즈넷 게시판 내용에는 정치, 종교, 자동차, 스포츠 및 암호와 같은 토픽에 대한 뉴스그룹이 포함되어 있으며, 많은 사용자가 작성한 텍스트 집합이 풍부하게 들어 있다. 이 데이터셋(20news-bydate.tar.gz 파일)은 http://qwone.com/~jason/20Newsgroups/에 공개되어 있어 누구나 사용할 수 있으며 텍스트 분석 및 머신러닝의 연습에 널리 사용된다.

전처리

우리는 20news-bydate 폴더에 들어 있는 메시지를 모두 읽는 일부터 착수할 것이다. 이 폴더는 각 메시지마다 하나의 파일이 있는 하위 폴더로 구성된다. read_lines(), map() 및 unnest()의 조합으로 이러한 파일을 읽을 수 있다.

 이 단계에서 모든 문서를 읽는 데 몇 분이 걸릴 수 있다.

```
library(dplyr)
library(tidyr)
library(purrr)
library(readr)

training_folder <- "data/20news-bydate/20news-bydate-train/"

# 폴더에서 모든 파일을 읽어 데이터 프레임에 넣는 함수를 정의한다.
read_folder <- function(infolder) {
  data_frame(file = dir(infolder, full.names = TRUE)) %>%
  mutate(text = map(file, read_lines)) %>%
  transmute(id = basename(file), text) %>%
  unnest(text)
}

# unnest()과 map()을 사용해 read_folder를 각 서브 폴더에 적용한다.
raw_text <- data_frame(folder = dir(training_folder, full.names = TRUE)) %>%
  unnest(map(folder, read_folder)) %>%
  transmute(newsgroup = basename(folder), id, text)

raw_text

## # A tibble: 511,655 x 3
##       newsgroup      id
##           <chr>   <chr>
## 1  alt.atheism   49960
## 2  alt.atheism   49960
## 3  alt.atheism   49960
## 4  alt.atheism   49960
## 5  alt.atheism   49960
## 6  alt.atheism   49960
## 7  alt.atheism   49960
## 8  alt.atheism   49960
## 9  alt.atheism   49960
## 10 alt.atheism   49960
## # ... with 511,645 more rows, and 1 more variables: text <chr>
```

newsgroup 열은 각 메시지가 나오는 20개 뉴스그룹이 무엇인지를 설명하고, id 열은 해당 뉴스그룹 내의 고유한 메시지를 식별하는 게 무엇인지를 설명한다. 어떤 뉴스그룹이 포함되어 있으며 얼마나 많은 메시지가 각 뉴스그룹에 게시되었는가(그림 9-1)?

```
library(ggplot2)

raw_text %>%
  group_by(newsgroup) %>%
  summarize(messages = n_distinct(id)) %>%
  ggplot(aes(newsgroup, messages)) +
  geom_col() +
  coord_flip()
```

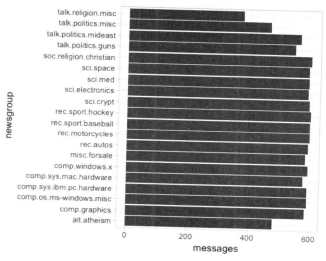

그림 9-1 각 뉴스그룹의 메시지 수

유즈넷 뉴스그룹의 이름은 'talk', 'sci' 또는 'rec'와 같은 주요 토픽부터 시작하여 세분화되는 토픽에 맞춰 계층적으로 이름이 지어져 있다.

텍스트 전처리

이 책에서 검토한 대부분의 데이터셋은 전처리된 것이므로, 제인 오스틴 소설에서 저작권 고지를 삭제하던 일과 같은 작업을 하지 않아도 된다. 다만 여기에 나오는 각 메시지에는 분석 시 포함하지 말아야 할 몇 가지 구조와 추가 텍스트가 들어 있다. 예를 들어 모든 메시지에는 메시지를 설명하는 'from :' 또는 'in_reply_to :'와 같은 필드가 들어 있는 헤더가 있다. 또한 일부 메시지에는 --와 같이, 1개 줄 뒤에 자동으로 붙은 전자 메일 서명도 있다. stringr 패키지의 cumsum()(누적 합계) 및 str_detect()를 조합해 dplyr 패키지 내에서 이런 것들을 전처리할 수 있다.

```
library(stringr)

# 빈 줄이 처음으로 나왔을 때와
# 붙임표 두 개(--)로 시작되는 줄이 처음으로 나왔을 때 출현해야 한다.
cleaned_text <- raw_text %>%
    group_by(newsgroup, id) %>%
    filter(cumsum(text == "") > 0,
           cumsum(str_detect(text, "^--")) == 0) %>%
ungroup()
```

또한 많은 줄에는 'so-and-so writes ...'와 같은 줄로 시작하는 다른 사용자의 인용문을 나타내는 중첩된 텍스트가 있다. 이런 줄은 몇 가지 정규 표현식으로 제거할 수 있다.

 우리는 또한 텍스트가 아닌 대량의 내용이 포함된 9704와 9985라는 두 메시지를 별도 작업으로 제거하기로 했다.

```
cleaned_text <- cleaned_text %>%
  filter(str_detect(text, "^[^>]+[A-Za-z\\d]") | text == "",
         !str_detect(text, "writes(:|\\.\\.\\.)$"),
         !str_detect(text, "^In article <"),
         !id %in% c(9704, 9985))
```

이제 불용어를 제거하면서 unnest_tokens()를 사용해 데이터셋을 토큰으로 분할할 준비가 되었다.

```
library(tidytext)

usenet_words <- cleaned_text %>%
  unnest_tokens(word, text) %>%
  filter(str_detect(word, "[a-z']$"),
  !word %in% stop_words$word)
```

모든 원시 텍스트 데이터셋에 들어 있는 데이터를 정제하는 데는 여러 단계가 필요하므로 종종 시행착오를 겪으며 데이터셋 내 비정상 사례를 탐색해 보아야 한다. dplyr 및 tidyr와 같은 정돈 도구를 사용해 이러한 **정제(cleaning)** 작업을 수행할 수 있다.

뉴스그룹의 단어들

이제 헤더와 서명, 그리고 서식을 제거했으므로 흔한 단어를 탐색할 수 있다. 처음에는 전체 데이터셋이나 특정 뉴스그룹에 가장 흔한 단어를 찾을 수 있다.

```
usenet_words %>%
    count(word, sort = TRUE)

## # A tibble: 68,137 × 2
##           word      n
##          <chr>  <int>
## 1       people   3655
## 2         time   2705
## 3          god   1626
## 4       system   1595
## 5      program   1103
## 6          bit   1097
## 7  information   1094
## 8      windows   1088
## 9   government   1084
## 10       space   1072
## # ... with 68,127 more rows

words_by_newsgroup <- usenet_words %>%
  count(newsgroup, word, sort = TRUE) %>%
  ungroup()

words_by_newsgroup

## # A tibble: 173,913 × 3
##                   newsgroup      word      n
##                       <chr>     <chr>  <int>
## 1    soc.religion.christian       god    917
## 2                 sci.space     space    840
## 3      talk.politics.mideast    people    728
## 4                 sci.crypt       key    704
## 5    comp.os.ms-windows.misc   windows    625
## 6      talk.politics.mideast  armenian    582
## 7                 sci.crypt        db    549
## 8      talk.politics.mideast   turkish    514
## 9                 rec.autos       car    509
## 10     talk.politics.mideast armenians    509
## # ... with 173,903 more rows
```

뉴스그룹 내에서 tf-idf 찾기

우리는 뉴스그룹이 토픽과 내용 면에서 다르기 때문에 이 두 가지 사이에 단어가 자주 서로 다를 것으로 예상한다. **tf-idf**라는 계량 기준을 사용해 이것을 **정량화**(quantifying)해 보자(3장).

```
tf_idf <- words_by_newsgroup %>%
  bind_tf_idf(word, newsgroup, n) %>%
  arrange(desc(tf_idf))

tf_idf

## # A tibble: 173,913 x 6
##                  newsgroup         word     n          tf      idf
##                      <chr>        <chr> <int>       <dbl>    <dbl>
## 1 comp.sys.ibm.pc.hardware         scsi   483  0.01761681  1.20397
## 2    talk.politics.mideast     armenian   582  0.00804890  2.30259
## 3          rec.motorcycles         bike   324  0.01389842  1.20397
## 4    talk.politics.mideast    armenians   509  0.00703933  2.30259
## 5                sci.crypt   encryption   410  0.00816099  1.89712
## 6          rec.sport.hockey         nhl   157  0.00439665  2.99573
## 7      talk.politics.misc stephanopoulos  158  0.00416228  2.99573
## 8          rec.motorcycles        bikes    97  0.00416095  2.99573
## 9          rec.sport.hockey      hockey   270  0.00756112  1.60944
## 10           comp.windows.x        oname   136  0.00353550  2.99573
## # ... with 173,903 more rows, and 1 more variables: tf_idf <dbl>
```

일부 선택된 그룹의 최상위 **tf-idf**를 검사해서 해당 토픽에 특화된 단어를 추출할 수 있다. 예를 들어 그림 9-2에서 시각화된 모든 sci.(과학 관련 뉴스) 게시판을 볼 수 있다.

```
tf_idf %>%
  filter(str_detect(newsgroup, "^sci\\.")) %>%
  group_by(newsgroup) %>%
  top_n(12, tf_idf) %>%
  ungroup() %>%
  mutate(word = reorder(word, tf_idf)) %>%
  ggplot(aes(word, tf_idf, fill = newsgroup)) +
  geom_col(show.legend = FALSE) +
  facet_wrap(~ newsgroup, scales = "free") +
  ylab("tf-idf") +
  coord_flip()
```

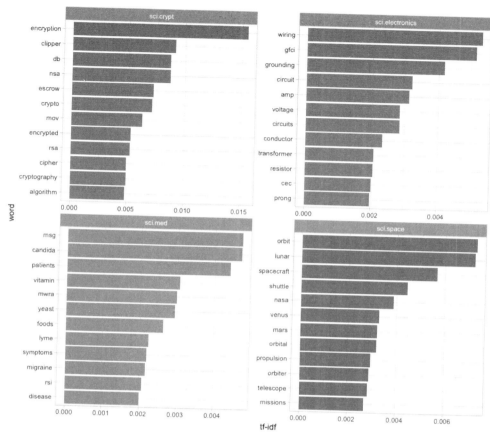

그림 9-2 각 과학 관련 뉴스그룹 내에서 tf-idf가 가장 높은 열두 개 용어

sci.electronics 토픽에서는 'wiring(배선)'과 'circuit(회로)', space 뉴스그룹에서는 'orbit(궤도)'과 'lunar(달의)'와 같은 특정 뉴스그룹과 관련된 특징적인 단어가 많이 있다. 이 코드를 사용해 다른 뉴스그룹을 직접 탐색할 수 있다.

텍스트 내용이 서로 비슷한 뉴스그룹은 무엇인가? widyr 패키지의 `pairwise_cor()` 함수를 사용해 각 뉴스그룹 내에서 단어 빈도의 쌍 상관 찾아서 확인할 수 있다(76쪽의 '쌍 단위 상관 검사' 참조).

```
library(widyr)

newsgroup_cors <- words_by_newsgroup %>%
  pairwise_cor(newsgroup, word, n, sort = TRUE)

newsgroup_cors

## # A tibble: 380 × 3
##                     item1                    item2 correlation
##                     <chr>                    <chr>       <dbl>
## 1       talk.religion.misc   soc.religion.christian   0.8347275
## 2   soc.religion.christian       talk.religion.misc   0.8347275
## 3             alt.atheism       talk.religion.misc   0.7793079
## 4       talk.religion.misc             alt.atheism   0.7793079
## 5             alt.atheism   soc.religion.christian   0.7510723
## 6   soc.religion.christian             alt.atheism   0.7510723
## 7      comp.sys.mac.hardware comp.sys.ibm.pc.hardware   0.6799043
## 8   comp.sys.ibm.pc.hardware  comp.sys.mac.hardware   0.6799043
## 9        rec.sport.baseball        rec.sport.hockey   0.5770378
## 10         rec.sport.hockey      rec.sport.baseball   0.5770378
## # ... with 370 more rows
```

그러면 뉴스그룹 간의 더 강력한 상관을 선별하고 연결망에서 시각화할 수 있다(그림 9-3).

```
library(ggraph)
library(igraph)
set.seed(2017)

newsgroup_cors %>%
  filter(correlation > .4) %>%
  graph_from_data_frame() %>%
  ggraph(layout = "fr") +
  geom_edge_link(aes(alpha = correlation, width = correlation)) +
  geom_node_point(size = 6, color = "lightblue") +
  geom_node_text(aes(label = name), repel = TRUE) +
  theme_void()
```

뉴스그룹에는 computers/electronics(컴퓨터/전자공학), politics/religion(정치/종교), motor vehicles(자동차), sports(운동)라는 네 개의 주요 군집이 있는 것으로 보인다. 이는 뉴스그룹이 공통으로 가질 수 있는 단어와 토픽에 관해서는 의미가 있다.

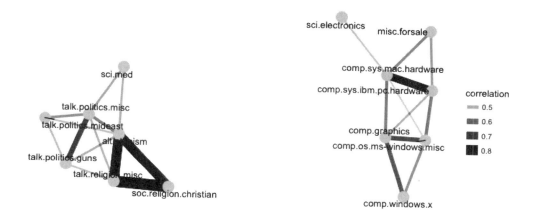

그림 9-3 0.4보다 큰 상관이 있는 연결들만 포함해 단어 개수의 상관에 기반한 유즈넷 그룹의 연결망

토픽 모델링

6장에서는 잠재 디리클레 할당(LDA) 알고리즘을 사용해 각 장들을 원래 속해 있던 책들에 맞게 나누었다. 서로 다른 뉴스그룹에서 유즈넷 메시지를 분류하는 작업도 LDA로 수행할 수 있는가?

과학 관련 뉴스그룹 네 가지에서 메시지들을 나누어 보자. 먼저 이 메시지들을 cast_dtm()을 사용해 문서 용어 행렬로 처리한 다음(92쪽에 나오는 '정돈 텍스트 데이터를 행렬에 캐스팅하기'에 나옴), topicmodels 패키지의 LDA() 함수로 모델을 적합시킨다.

```
# 최소한 50회 출현하는 단어들만 포함한다.
word_sci_newsgroups <- usenet_words %>%
  filter(str_detect(newsgroup, "^sci")) %>%
  group_by(word) %>%
  mutate(word_total = n()) %>%
  ungroup() %>%
  filter(word_total > 50)

# sci.crypt_14147와 같은 문서 이름을 사용해
# 문서-용어 행렬로 변환한다.
sci_dtm <- word_sci_newsgroups %>%
  unite(document, newsgroup, id) %>%
  count(document, word) %>%
  cast_dtm(document, word, n)

library(topicmodels)
sci_lda <- LDA(sci_dtm, k = 4, control = list(seed = 2016))
```

이 모델에서 추출한 네 가지 토픽은 무엇이며, 그게 네 가지 뉴스그룹과 일치하는가? 이 접근법은 6장에서 이미 본 것이다. 우리는 각 토픽을 그중에서 가장 자주 사용되는 용어를 기반으로 시각화한다(그림 9-4).

```
sci_lda %>%
  tidy() %>%
  group_by(topic) %>%
  top_n(8, beta) %>%
  ungroup() %>%
  mutate(term = reorder(term, beta)) %>%
  ggplot(aes(term, beta, fill = factor(topic))) +
  geom_col(show.legend = FALSE) +
  facet_wrap(~ topic, scales = "free_y") +
  coord_flip()
```

최상위 단어를 보고 나서 어떤 토픽이 어떤 뉴스그룹을 포착할지 궁금해질 수 있다. 토픽 1은 sci.space 뉴스그룹(따라서 가장 흔한 단어는 'space')을 나타내는 것으로 보이고, 토픽 2는 'key' 및 'encryption'과 같은 용어를 사용하므로 cryptography(암호화) 뉴스그룹에서 가져온 게 확실해 보인다. 우리가 111쪽의 '문서-토픽 확률'에서 했던 것처럼 각 뉴스그룹의 문서가 각 토픽에 대해 '감마'가 더 높은지를 살펴 이 점을 확인할 수 있다(그림 9-5).

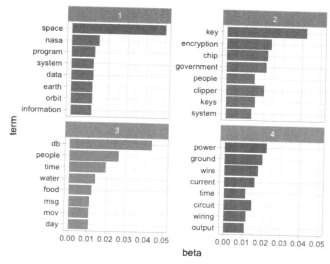

그림 9-4 과학 관련 뉴스그룹에 적합하게 한 각 토픽별 상위 여덟 개 단어

```
sci_lda %>%
  tidy(matrix = "gamma") %>%
  separate(document, c("newsgroup", "id"), sep = "_") %>%
  mutate(newsgroup = reorder(newsgroup, gamma * topic)) %>%
  ggplot(aes(factor(topic), gamma)) +
  geom_boxplot() +
  facet_wrap(~ newsgroup) +
  labs(x = "Topic",
       y = "# of messages where this was the highest % topic")
```

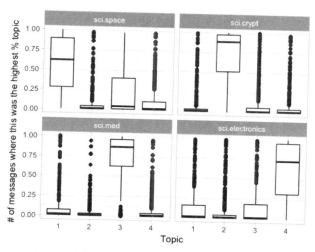

그림 9-5 각 유즈넷 뉴스그룹 내의 각 토픽에 대한 감마 분포

문서 분석에서 보았듯이 토픽 모델링을 통해 레이블을 참조할 필요 없이 텍스트에 존재하는 확실한 토픽을 발견할 수 있었다.

유즈넷 메시지를 분리하는 일은 각 뉴스그룹의 상당수 메시지들이 다른 토픽에 대해 '감마' 값이 높기 때문에 각 책의 장을 구분하는 일만큼 깔끔(clean)하지는 않다는 점에 유념하라. 많은 메시지가 짧고, 흔한 단어들이 서로 겹칠 수 있기 때문에 이것은 놀랄 일이 아니다(예를 들어 우주 여행 토론에 쓰이는 단어와 전자공학 토론에 쓰이는 단어가 겹칠 수 있다). 이런 사례는 LDA가 문서를 거친 토픽으로 분할하면서 어느 정도까지는 중복을 허용해야 하는 경우에 대한 현실적 대안이다.

정서분석

2장에서 탐구한 **정서분석(sentiment analysis)** 기법을 사용해 유즈넷 게시물에 긍정 단어와 부정 단어가 얼마나 자주 나오는지 조사할 수 있다. 어떤 뉴스그룹이 전체적으로 가장 긍정적이거나 부정적인가?

이번 예제에서는 각 단어의 수치형 긍정 점수를 제공하는 AFINN 정서 사전을 사용하고 이를 막대그래프로 시각화한다(그림 9-6).

```
newsgroup_sentiments <- words_by_newsgroup %>%
  inner_join(get_sentiments("afinn"), by = "word") %>%
  group_by(newsgroup) %>%
  summarize(score = sum(score * n) / sum(n))

newsgroup_sentiments %>%
  mutate(newsgroup = reorder(newsgroup, score)) %>%
  ggplot(aes(newsgroup, score, fill = score > 0)) +
  geom_col(show.legend = FALSE) +
  coord_flip() +
  ylab("Average sentiment score")
```

이 분석에 따르면 misc.forsale 뉴스그룹이 가장 긍정적이다. 이것은 사용자가 판매하고자 하는 제품에 대한 많은 긍정적인 형용사를 포함하기 때문에 의미가 있다!

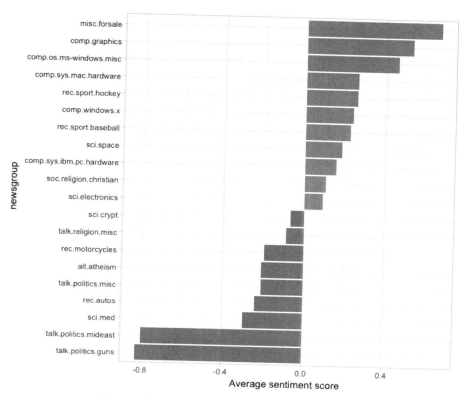

그림 9-6 각 뉴스그룹 내의 게시물에 대한 평균 AFINN 점수

단어별 정서분석

왜 일부 뉴스그룹이 다른 뉴스그룹보다 긍정적이거나 부정적인 결과를 초래하는지 이해하는 편이 좋다. 이를 위해 우리는 각 단어의 전체 긍정 및 부정에 관한 **기여도(contributions)**를 조사할 수 있다.

```
contributions <- usenet_words %>%
  inner_join(get_sentiments("afinn"), by = "word") %>%
  group_by(word) %>%
  summarize(occurences = n(),
            contribution = sum(score))

contributions

## # A tibble: 1,909 × 3
##          word  occurences   contribution
##         <chr>       <int>          <int>
```

```
## 1     abandon      13      -26
## 2   abandoned      19      -38
## 3    abandons       3       -6
## 4   abduction       2       -4
## 5       abhor       4      -12
## 6    abhorred       1       -3
## 7   abhorrent       2       -6
## 8   abilities      16       32
## 9     ability     177      354
## 10     aboard       8        8
## # ... with 1,899 more rows
```

전반적으로 정서 점수에 가장 큰 영향을 끼치는 단어는 무엇인가?(그림 9-7)

```
contributions %>%
  top_n(25, abs(contribution)) %>%
  mutate(word = reorder(word, contribution)) %>%
  ggplot(aes(word, contribution, fill = contribution > 0)) +
  geom_col(show.legend = FALSE) +
  coord_flip()
```

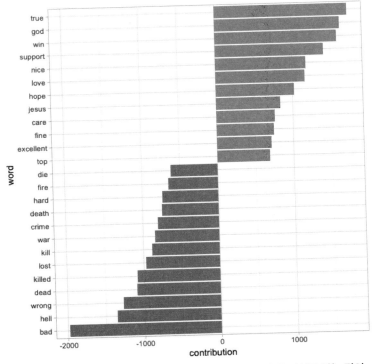

그림 9-7   유즈넷 텍스트에서 긍정/부정 정서 점수에 가장 큰 기여를 하는 단어

이 단어들은 각 메시지의 정서를 나타내는 지표(indicators)로 쓰기에는 일반적으로 적당하지만, 우리는 이 접근법에 있음직한 문제점을 발견할 수 있다. 'True'는 쉽게 '사실이 아님'이나 이와 유사한 부정적인 표현의 일부일 수 있으며, 'True'와 'Jesus'라는 단어는 유즈넷에서 아주 널리 쓰이는 단어지만, 긍정적인 맥락에서든 부정적인 맥락에서든 쉽게 사용될 수 있는 단어다.

우리는 또한 **각 뉴스그룹 내에서** 어떤 단어가 가장 많이 기여하는지에 주의함으로써 어떤 뉴스그룹이 잘못 평가되는지를 알 수 있다. 우리는 각 뉴스그룹의 정서 점수에 대한 각 단어의 기여도를 계산할 수 있으며, 그룹 선택 시에 가장 크게 기여한 단어를 시각화할 수 있다(그림 9-8).

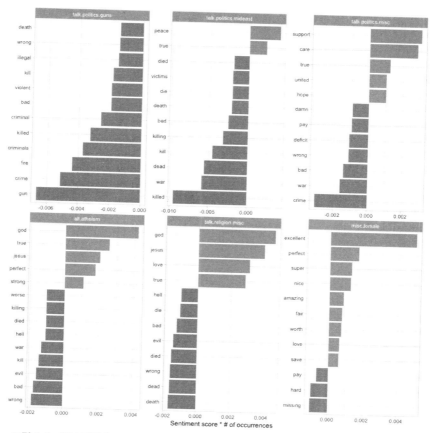

그림 9-8　여섯 개의 뉴스그룹 각각에서 정서 점수에 가장 많은 기여를 한 열두 개 단어[1]

```
top_sentiment_words <- words_by_newsgroup %>%
  inner_join(get_sentiments("afinn"), by = "word") %>%
  mutate(contribution = score * n / sum(n))


top_sentiment_words

## # A tibble: 13,063 × 5
##                   newsgroup   word     n score  contribution
##                       <chr>  <chr> <int> <int>         <dbl>
## 1  soc.religion.christian      god   917     1   0.014418012
## 2  soc.religion.christian    jesus   440     1   0.006918130
## 3       talk.politics.guns      gun   425    -1  -0.006682285
## 4       talk.religion.misc      god   296     1   0.004654015
## 5             alt.atheism      god   268     1   0.004213770
## 6  soc.religion.christian    faith   257     1   0.004040817
## 7       talk.religion.misc    jesus   256     1   0.004025094
## 8    talk.politics.mideast   killed   202    -3  -0.009528152
## 9    talk.politics.mideast      war   187    -2  -0.005880411
## 10 soc.religion.christian     true   179     2   0.005628842
## # ... with 13,053 more rows
```

이것은 misc.forsale 뉴스그룹에 대한 우리의 가설을 확인시켜 준다. 즉, 대부분의 정서가 excellent(훌륭한) 및 perfect(완벽한)와 같은 긍정적인 형용사에 의해 이뤄진다는 점이다. 우리는 또한 얼마나 많은 정서가 토픽과 얽혀 있는지를 볼 수 있다. atheism(무신론) 뉴스그룹은 부정적인 맥락에서조차도 god(잡신)에 대해 자세히 논의할 가능성이 있으며, 그것이 뉴스그룹을 더 긍정적으로 보이게 한다는 점을 알 수 있다. 마찬가지로 talk.politics.guns 그룹에서 회원들이 gun(총)을 긍정적인 것으로 보고 토론할 때조차도 gun이라는 단어가 부정적인 기여를 할 수 있다.

이것은 정서분석이 토픽에 의해 뒤죽박죽이 될 수 있으며, 분석을 너무 깊이 해석하기 전에 항상 영향력 있는 단어를 조사해야 한다는 점을 유념하게 한다.

메시지별 정서분석

우리는 또한 newsgroup보다는 id별로 그룹화하고 요약해 가장 긍정적이고 부정적인 개별 메시지를 찾을 수 있다.

```
sentiment_messages <- usenet_words %>%
  inner_join(get_sentiments("afinn"), by = "word") %>%
  group_by(newsgroup, id) %>%
  summarize(sentiment = mean(score),
```

```
            words = n()) %>%
   ungroup() %>%
   filter(words >= 5)
```

 확률성(randomness, 즉 임의성)의 역할을 줄이기 위한 간단한 방법으로 정서에 공헌한 단어가
다섯 개 미만인 메시지를 선별했다.

가장 긍정적인 메시지는 무엇인가?

```
sentiment_messages %>%
  arrange(desc(sentiment))

## # A tibble: 3,554 × 4
##                 newsgroup      id  sentiment  words
##                     <chr>   <chr>      <dbl>  <int>
## 1       rec.sport.hockey   53560   3.888889     18
## 2       rec.sport.hockey   53602   3.833333     30
## 3       rec.sport.hockey   53822   3.833333      6
## 4       rec.sport.hockey   53645   3.230769     13
## 5              rec.autos  102768   3.200000      5
## 6            misc.forsale   75965   3.000000      5
## 7            misc.forsale   76037   3.000000      5
## 8     rec.sport.baseball  104458   3.000000     11
## 9       rec.sport.hockey   53571   3.000000      5
## 10 comp.os.ms-windows.misc   9620   2.857143      7
## # ... with 3,544 more rows
```

전체 데이터셋에서 가장 긍정적인 메시지를 살펴보자. 이를 돕기 위해 지정된 메시지를 인쇄하
기 위한 간단한 함수를 작성할 수 있다.

```
print_message <- function(group, message_id) {
  result <- cleaned_text %>%
    filter(newsgroup == group, id == message_id, text != "")

  cat(result$text, sep = "\n")
}

print_message("rec.sport.hockey", 53560)

## Everybody. Please send me your predictions for the Stanley Cup Playoffs!
## I want to see who people think will win.!!!!!!!
## Please Send them in this format, or something comparable:
```

```
## 1. Winner of Buffalo-Boston
## 2. Winner of Montreal-Quebec
## 3. Winner of Pittsburgh-New York
## 4. Winner of New Jersey-Washington
## 5. Winner of Chicago-(Minnesota/St.Louis)
## 6. Winner of Toronto-Detroit
## 7. Winner of Vancouver-Winnipeg
## 8. Winner of Calgary-Los Angeles
## 9. Winner of Adams Division (1-2 above)
## 10. Winner of Patrick Division (3-4 above)
## 11. Winner of Norris Division (5-6 above)
## 12. Winner of Smythe Division (7-8 above)
## 13. Winner of Wales Conference (9-10 above)
## 14. Winner of Campbell Conference (11-12 above)
## 15. Winner of Stanley Cup (13-14 above)
## I will summarize the predictions, and see who is the biggest
## INTERNET GURU PREDICTING GUY/GAL.
## Send entries to Richard Madison
## rrmadiso@napier.uwaterloo.ca
## PS:  I will send my entries to one of you folks so you know when I say
## I won, that I won!!!!!
```

이 메시지는 winner(우승자)라는 단어를 여러 번 사용하기 때문에 선택되었다. 가장 부정적인 메시지는 어떨까? 하키 사이트로부터 해당 메시지가 나온 것으로 밝혀졌지만 속성이 매우 다르다.

```
sentiment_messages %>%
  arrange(sentiment)

## # A tibble: 3,554 × 4
##               newsgroup     id sentiment  words
##                   <chr>  <chr>     <dbl>  <int>
## 1        rec.sport.hockey 53907 -3.000000      6
## 2         sci.electronics 53899 -3.000000      5
## 3     talk.politics.mideast 75918 -3.000000      7
## 4               rec.autos 101627 -2.833333      6
## 5            comp.graphics 37948 -2.800000      5
## 6            comp.windows.x 67204 -2.700000     10
## 7        talk.politics.guns 53362 -2.666667      6
## 8             alt.atheism 51309 -2.600000      5
## 9     comp.sys.mac.hardware 51513 -2.600000      5
## 10              rec.autos 102883 -2.600000      5
## # ... with 3,544 more rows

print_message("rec.sport.hockey", 53907)

## Losers like us? You are the fucking moron who has never heard of the Western
```

```
## Business School, or the University of Western Ontario for that matter. Why
## don't you pull your head out of your asshole and smell something other than
## shit for once so you can look on a map to see where UWO is! Back to hockey,
## the North Stars should be moved because for the past few years they have
## just been SHIT. A real team like Toronto would never be moved!!!
## Andrew--
```

자, 우리는 자신감 있게 정서분석이 효과가 있다고 말할 수 있다!

엔그램 분석

4장에서는 제인 오스틴의 소설에 대해 정서분석을 하면서 'not', 'no'와 같은 단어의 효과를 고려했다. 유즈넷 데이터셋은 현대적인 텍스트보다 훨씬 큰 말뭉치이므로 이 텍스트에서 정서분석이 어떻게 바뀔 수 있는지 관심을 가질 수 있다.

유즈넷 게시물의 모든 바이그램을 찾아서 개수를 세어 보자.

```
usenet_bigrams <- cleaned_text %>%
  unnest_tokens(bigram, text, token = "ngrams", n = 2)

usenet_bigram_counts <- usenet_bigrams %>%
  count(newsgroup, bigram, sort = TRUE) %>%
  ungroup() %>%
  separate(bigram, c("word1", "word2"), sep = " ")
```

그런 다음 'no', 'not', 'without'과 같이 부정어로 사용되는 것으로 의심되는 여섯 개 단어 목록을 정의할 수 있고, 가장 자주 이어서 나오는 정서 관련 단어를 시각화할 수 있다(그림 9-9). 다음 코드는 가장 자주 '잘못된' 방향으로 기여하는 단어를 보여 준다.

```
negate_words <- c("not", "without", "no", "can't", "don't", "won't")

usenet_bigram_counts %>%
  filter(word1 %in% negate_words) %>%
  count(word1, word2, wt = n, sort = TRUE) %>%
  inner_join(get_sentiments("afinn"), by = c(word2 = "word")) %>%
  mutate(contribution = score * nn) %>%
  group_by(word1) %>%
  top_n(10, abs(contribution)) %>%
  ungroup() %>%
  mutate(word2 = reorder(paste(word2, word1, sep = "__"), contribution)) %>%
  ggplot(aes(word2, contribution, fill = contribution > 0)) +
```

```
geom_col(show.legend = FALSE) +
facet_wrap(~ word1, scales = "free", nrow = 3) +
scale_x_discrete(labels = function(x) gsub("__.+$", "", x)) +
xlab("Words preceded by a negation") +
ylab("Sentiment score * # of occurrences") +
theme(axis.text.x = element_text(angle = 90, hjust = 1)) +
coord_flip()
```

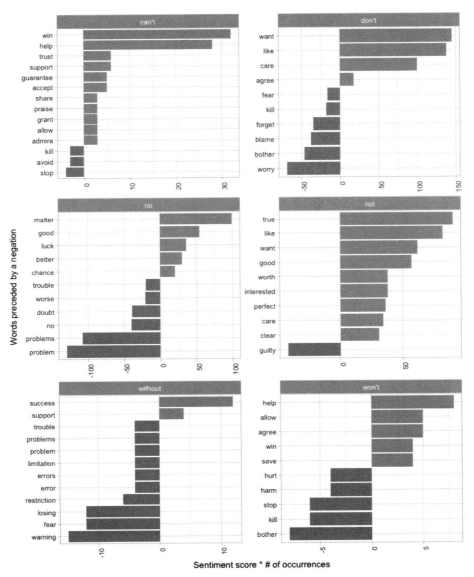

그림 9-9 '부정하는' 단어에 이어져 나오면서 정서에 가장 많이 기여하는 단어

긍정 단어를 오인하는 가장 큰 원인은 'don't want/like/care' 때문인 것으로 보이고, 부정확하게 분류된 부정 정서의 가장 큰 원인은 'no problem(문제 없음)' 때문인 것으로 보인다.

요약

이 유즈넷 메시지 분석 과정을 통해서 우리는 tf-idf에서 토픽 모델링에 이르기까지, 그리고 정서분석에서 엔그램 토큰화에 이르기까지 이 책에서 설명한 정돈 텍스트 마이닝 기법 중 거의 모든 것을 통합적으로 사용해 보았다. 이번 장 전체에 걸쳐, 그리고 진실로 모든 사례 연구를 통해서 우리는 탐색 및 시각화를 몇 가지 흔한 도구 목록에 의존할 수 있었다. 이러한 예제들을 통해서 **모든** 정돈 텍스트 분석 방법 간의 **모든** 공통점을 여러분이 알 수 있게 되었기를 바란다.

참고
문헌

Abelson, Hal. 2008. "Foreword." In *Essentials of Programming Languages, 3rd Edition*. The MIT Press.

Arnold, Taylor B. 2016. "cleanNLP: A Tidy Data Model for Natural Language Processing." *https://cran.r-project.org/package=cleanNLP*.

Arnold, Taylor, and Lauren Tilton. 2016. "coreNLP: Wrappers Around Stanford Corenlp Tools." *https://cran.r-project.org/package=coreNLP*.

Benoit, Kenneth, and Paul Nulty. 2016. "quanteda: Quantitative Analysis of Textual Data." *https://CRAN.R-project.org/package=quanteda*.

Feinerer, Ingo, Kurt Hornik, and David Meyer. 2008. "Text Mining Infrastructure in R." *Journal of Statistical Software* 25 (5): 1–54. *http://www.jstatsoft.org/v25/i05/*.

Loughran, Tim, and Bill McDonald. 2011. "When Is a Liability Not a Liability? Textual Analysis, Dictionaries, and 10-Ks." *The Journal of Finance* 66 (1): 35–65. doi: *https://doi.org/10.1111/j.1540-6261.2010.01625.x*.

Mimno, David. 2013. "mallet: A Wrapper Around the Java Machine Learning Tool Mallet." *https://cran.r-project.org/package=mallet*.

Mullen, Lincoln. 2016. "tokenizers: A Consistent Interface to Tokenize Natural Language Text." *https://cran.r-project.org/package=tokenizers*.

Pedersen, Thomas Lin. 2017. "ggraph: An Implementation of Grammar of Graphics for Graphs and Networks." *https://cran.r-project.org/package=ggraph*.

Rinker, Tyler W. 2017. "sentimentr: Calculate Text Polarity Sentiment." Buffalo, New York: University at Buffalo/SUNY. *http://github.com/trinker/sentimentr*.

Robinson, David. 2016. "gutenbergr: Download and Process Public Domain Works from Project Gutenberg." *https://cran.rstudio.com/package=gutenbergr.*

―――. 2017. "broom: Convert Statistical Analysis Objects into Tidy Data Frames." *https://cran. r-project.org/package=broom.*

Silge, Julia. 2016. "janeaustenr: Jane Austen's Complete Novels." *https://cran.rproject. org/package=janeaustenr.*

Silge, Julia, and David Robinson. 2016. "tidytext: Text Mining and Analysis Using Tidy Data Principles in R." *The Journal of Open Source Software* 1 (3). doi: *https://doi.org/10.21105/joss.00037.*

Wickham, Hadley. 2007. "Reshaping Data with the reshape Package." *Journal of Statistical Software* 21 (12): 1–20. *http://www.jstatsoft.org/v21/i12/.*

―――. 2009. ggplot2: Elegant Graphics for Data Analysis. Springer-Verlag New York. *http://ggplot2.org.*

―――. 2014. "Tidy Data." *Journal of Statistical Software* 59 (1): 1–23. doi: 10.18637/ jss.v059.i10 (*https:// doi.org/10.18637/jss.v059.i10*).

―――. 2016. "tidyr: Easily Tidy Data with 'spread()' and 'gather()' Functions." *https:// cran.r-project. org/package=tidyr.*

Wickham, Hadley, and Romain Francois. 2016. "dplyr: A Grammar of Data Manipulation." *https:// cran.r-project.org/package=dplyr.*

찾아보기

숫자 및 기호

1문서당 1토큰	44, 83, 86, 89
1문서당 1행	95
1용어당 1토픽	108, 116
1줄당 1행	6
1토큰당 1행	44
1행당 1단어	8, 34
1행당 1문서	83, 86, 89
1행당 1바이그램	59
1행당 1용어	2, 85, 108, 116
1행당 1토큰	1, 7, 56
2 토픽 모델	106
β 값	169
γ	111, 118, 172

A

acast()	31
acq	94, 98
acronyms	156
aes()	69
aesthetic	69
AFINN	190
AFINN 용어집	19
AFINN 정서 점수	88
anger	19

anticipation	19
anti join	21
anti_join()	51, 131, 166
ASCII	33
assigning	121
augment()	121, 126

B

bigrams	56
bind_rows()	29, 166
bind_tf_idf()	44, 89, 163
Bing et al. 용어집	34
Bing Liu	19
Bing 용어집	19
broom	5, 108, 121, 140

C

cast()	85
cast_dfm()	85
cast_dtm()	85, 92, 115, 187
cast_sparse()	85
cleaning	1, 182
cleanNLP	33
cleansing	1
collection	44

common   ix, 9
comparison.cloud()   31
complete()   90
confusion matrix   122
connections   149
contributions   191
co-occurrence network   162
co-occurrences   81, 149
co-occurring words   157
coreNLP   32
corpus   3, 44, 94
Corpus 객체   84, 97
correlation   15, 76, 161
correlation network   162
correlations   81, 149
count   23
count()   8, 25, 47, 53, 58
counting   65
CRAN Task View   83
cutoff value   175

D

data tidyng   151
data wrangling   151
details   3
dfm   89
directional   80
disgust   19
document-feature matrix   89
document-term matrix   3, 84
DocumentTermMatrix   85, 94, 166
dplyr   xiv, 8, 23, 53, 94, 116, 164, 182
DTM   84

E

edge   67

emotion   19

F

fear   19
filter()   25, 58, 131, 144
Finn Årup Nielsen   18
fit   105
floor_date()   137
frequency   41
friend   22
from_data_frame()   67
fuzzy clustering   118

G

Garrett Grolemund   xiv
gather()   12
general   ix
geom_jitter()   133
George Zipf   40
get_sentiments()   19
ggplot   viii
ggplot2   xiv, 2, 29, 108, 117
ggraph   55, 68, 157
glm()   139, 148
glue   83
grammer of graphics   68
graph_from_data_frame()   67
group_by()   21, 144
gutenberg_download()   10, 12
gutenbergr   10, 72, 113

H

Hadley Wickham   xiv
Hal Abelson   83
hard clustering   110
heuristic quantity   38

high rank 44

hope 22

hunspell 5

I

iconv() 33

idf 37

igraph 67

inner_join() 25

insights xiii

inverse document frequency 37

J

janeaustenr 5, 10

joining 65

joy 19

K

KoNLP 패키지 xiii

k 평균 군집화 167

L

Latent Dirichlet allocation 105

LDA 105, 107, 187

LDA() 107, 115, 187

LDA 객체 105

LDA 모델 168

LDA 토픽 모델 178

lexicon 8

line 6

log odds ratio 135

long tail 39

love 22

lubridate 137

M

mallet 125

map() 139, 140, 148, 179

mapping xiii

melt() 87

metadata 3

mixture 107

mnormt 5

mutate 33

mutate() 6, 21, 25, 131

N

narrative time 23

negation 65

negative 19

nest() 139, 148

network 55, 65

n-gram 2, 56

nodes 65

NRC 용어집 19

O

observation 1

one-row-per-line 6

one-term-per-row 2

one-token-per-row 1, 7

one-topic-per-term-per-row 108

opinion mining 17

P

pairs 68

pairwise_cor() 77

pair_wise_count() 77

pairwise_count() 75, 156

Pearson correlation 77

per-document-per-topic probabilities 111

per-topic-per-word 108
Peter Turney 19
phi coefficient 76
plot 24
positive 19
psych 5
public domain works 10
purrr 139

Q

qualifiers 21
quanteda 2, 84, 89, 91
quantify 15, 37
quantifying 184

R

randomness 195
rank 41
rank() 53
raw strings 3
read_lines() 179
recall 168
regex 34
reshape2 31, 87
rOpenSci 10
row_number() 41

S

sadness 19
Saif Mohammad 19
sentiment 19
sentiment analysis 17, 190
sentimentr 33
sentiments 데이터셋 18
SnowballC 5
sparse 61

sparse matrix 3, 93
spread() 12, 23, 25, 132, 135
story 24
str_detect() 131, 135
str_extract() 13
string 3
stringr 131
summarize() 144
surprise 19
symmetrical 80

T

term frequency 37
tf-idf 37, 149, 158, 163, 166, 184
theme_void() 70
tibble 4
tibble 패키지 4
tidy() 85, 97, 98, 108, 111, 112, 121, 126, 140, 168
tidy data 1, 16
tidy data principles x, 1, 16
tidy data sets 2
tidy data structure 5
tidy data stuructures 84
tidy object 65
tidyr 58, 90, 132, 139, 182
tidytext 18, 44, 108, 114, 152, 166
tidy text analysis 4
tidy text approach 21
tidy text format 1, 17
tidy text mining 2, 30
tidytext 패키지 x
tidy tool ecosystem 17
tidy tools 84
time bins 138
tm 2, 85, 94
token 1

tokenization	1
tokenizer	13, 91
tokenizers	8
tokenizers 패키지	xiii, 5
to_lower	6
topic modeling	xii, 105
topicmodels	85, 105, 107, 115, 125, 167, 168, 187
top_n()	108, 116
trigram	59
triplets	68
trust	19
two-topic model	106
tyding	viii
tydy	viii
tydytext	viii
type	1
typical	ix

U

uncertainty	103
unigrams	19
unite()	58
unnest()	98, 179
unnest_tokens	91
unnest_tokens()	5, 33, 47, 56, 95, 98,
	114, 131, 143, 152, 163
unsupervised clustering	xii
untidy data stuructures	84
untidy tools	84
Usenet	179
UTF-8	13, 33

V

variable	1

W

WebCorpus	98
wide matrix	74
widyr	55, 74, 156
word cloud	30
wordcloud 패키지	30
word count	3, 9
word level	32
words representations	xiii

Z

Zipf's law	40

ㄱ

가중치	121
감마	111, 118, 121, 188
감성	69
감성 요소	69
감정	19
값	viii
개릿 그롤먼드	xiv
경곗값	175
경질 군집화	110
계량 기준	184
계산 언어학	xii
계수	23
고계	44
공공 저작물	10
공통 중심	68
관측	viii
구두점	33
구텐베르크 프로젝트	10
군집화	xii, 158
그래픽 문법	68
긍정	19
긍정 단어	27, 190

긍정 단어 앞에 나오는 부정 단어를 조사함 62
긍정 정서 19
긍정 정서나 부정 정서의 평균 21
기대감 19
기본 불용어 목록 166
기쁨 19
기여도 191
긴 꼬리 39
깔끔하지 않은 데이터 구조 84
깔끔한 viii
깔끔한 데이터 1, 16
깔끔한 데이터 구조 84
깨진 멱법칙 42

ㄴ

넓은 행렬 74
놀라움 19
뉴스그룹 179

ㄷ

단어 개수 3
단어 구름 30
단어당 토픽당(per-topic-per-word) 확률 108
단어 빈도 10, 132, 148, 185
단어 빈도 계산 16
단어 수준 32
단어 시퀀스 56
단어의 혼합체 166
단어 카운트 9
단어 표현 xiii
대칭적 80
데이터 구조 변경 1
데이터 깔끔화 1, 151
데이터 랭글링 151
데이터 재배치 1
데이터 프레임 x, 4, 85

동시 발생 81, 149
동시 발생 단어 157
동시 발생 연결망 162
두려움 19
두문자어 156

ㄹ

레이블 처리 26
로그 승산비 135
로그 오즈비 135, 148
로그 척도 41
로렌-맥도널드 사전 101

ㅁ

마르코프 연쇄 71
말뭉치 3, 44, 94, 163
매핑 xiii
머신러닝 xii
메타데이터 3, 149
멱법칙 42
모음집 44
무작위 생성기 71
문서 모음집 37, 105
문서-용어 행렬 3, 84, 94, 166
문서-용어 행렬의 대체 구현 89
문서-특징 행렬 89
문자 벡터 4
문자열 3
미학 69

ㅂ

바이그램 56, 197
바이그램의 tf-idf 60
방향성 80
변량 1
부정 19

부정 단어 21, 27, 34, 190
부정어 65
부정 정서 19
분노 19
분류 xii
불용어 8, 57, 131
불용어 목록 37
불확실성 103
비정돈 데이터 구조 84
비정돈 도구 84
비정상 사례 182
비지도 학습 118
비지도 학습 방식 군집화 xii
비희소 행렬 87
빈도 41
빈출하는 단어 63
빙 리우 19

ㅅ

사랑 22
삼중항 68
상관 15, 76, 81, 149, 161
상관 연결망 162
상위 단어 178
서사 27
서사 구조 23
서사 시간 23
세부 사항 3
세이프 모하메드 19
소문자 6
순수 정서 23
순위 41
스토리 24
슬픔 19
시각화 78, 186
시간 빈 138

신뢰 19
쌍 68
쌍방향 상관 55
쌍 상관 185

ㅇ

아스키 33
안티 조인 21
엔그램 2, 56, 197
역문서빈도 37
연결 149
연결망 55, 65, 186
연결망 구조 162
연결선 67
연결선 레이어 68
연속 단어 쌍 56
연질 군집화 110
예측 xii
오피니언 마이닝 17
용어빈도 37
용어빈도-역문서빈도 37
용어집 8
우정 22
워드 임베딩 xiii
워드 클라우드 30
원시 문자열 3
유니그램 19, 21, 32, 131
유즈넷 179
유형 1
이야기 24
인코딩 33
임의성 195
입력 구조 83

ㅈ

자연어 처리 xii

자연어 처리에 대한 CRAN 태스크 뷰   xii, 83
잠재 디리클레 할당   105, 125, 166, 187
재현성   168
적합화   105
전처리   179
절삿값   175
접착제   83
정규 표현식   33, 131
정규화   35
정돈   viii, 1
정돈 객체   65
정돈 데이터   1, 16
정돈 데이터 구조   5, 84
정돈 데이터셋   143
정돈 데이터 원리   viii, x, 1, 16
정돈 데이터 집합들   2
정돈 데이터 프레임   84, 85, 131, 151, 168
정돈 도구   84, 182
정돈 도구 생태계   16, 17
정돈된 출력   83
정돈 텍스트 구조   93
정돈 텍스트 데이터셋   4
정돈 텍스트 마이닝   2, 30
정돈 텍스트 마이닝 접근법   viii
정돈 텍스트 분석   4
정돈 텍스트 원리   viii
정돈 텍스트 접근법   21
정돈 텍스트 형식   1, 17, 83
정량화   15, 37, 89, 103, 184
정보 이론   38
정서   19
정서분석   17, 190
정서 사전   190
정서 용어집   25
정서의 방향성   62
정서 점수   192

정수 나눗셈   25
정점   65
정점 레이어   68
정제   1, 182
조인   65
조인 처리   31
조지 지프   40
줄   6
줄거리   24
중립적   21
중요어   159
중첩   33
지프의 법칙   40
짧은 구절   68

ㅊ

최상위 tf-idf   184

ㅋ

카운트   65
캐스팅   94, 115

ㅌ

테이블   2
텍스트 레이어   68
텍스트 분석 흐름도   6
토큰   1
토큰화   1, 5, 32
토픽   167
토픽당 문서당 확률   111
토픽 모델링   xii, 105, 149, 166
토픽에 특화된 단어   184
토픽의 혼합체   166
토픽 확률   118
통계량   38, 166
통찰   xiii

트라이그램	59
티블	4

ㅍ

파이 계수	76
파이프 처리	31
퍼지 군집화	118
편차	44
플롯	24
피어슨 상관	77
피터 터니	19
핀 아웁 닐슨	18
필터 연산	78

ㅎ

한국어 처리	xiii

한 단락 크기	21
한 문장 크기	21
한정어	21
할당	121
할 아벨슨	83
해들리 위컴	viii, xiv
혐오감	19
혼동 행렬	122
혼합체	107
확률성	195
휴리스틱 수량	38
흔한	9
희망	22
희소	61, 167
희소 행렬	3, 85, 93